Albert Camus

Edward Hughes

关键人物 · Critical Lives

加缪

〔英〕爱德华·休斯 著
陈永国 译

北京大学出版社
PEKING UNIVERSITY PRESS

著作权合同登记号 图字：01-2016-9800
图书在版编目（CIP）数据

加缪 /（英）爱德华·休斯（Edward Hughes）著；陈永国译 . —北京：北京大学出版社，2020.8
（关键人物）
ISBN 978-7-301-30962-9

Ⅰ.①加… Ⅱ.①爱… ②陈… Ⅲ.①加缪（Camus, Albert 1913—1960）-传记 Ⅳ.①K835.655.6

中国版本图书馆 CIP 数据核字（2019）第 276769 号

Albert Camus by Edward J. Hughes was first published by Reaktion Books, London 2015, in the Critical Lives series.
Copyright © Edward J. Hughes 2015
Simplified Chinese translation copyright © 2020 by Peking University Press.
All Rights Reserved.
本书中文简体字版经授权由北京大学出版社限在中华人民共和国境内（不包括香港特别行政区、澳门特别行政区和台湾）独家出版发行。

书　　名	加缪 JIAMIU
著作责任者	〔英〕爱德华·休斯（Edward Hughes）著　陈永国 译
责任编辑	于海冰　李书雅
标准书号	ISBN 978-7-301-30962-9
出版发行	北京大学出版社
地　　址	北京市海淀区成府路 205 号　100871
网　　址	http://www.pup.cn　新浪微博:@北京大学出版社 @培文图书
电子信箱	pkupw@qq.com
电　　话	邮购部 010-62752015　发行部 010-62750672　编辑部 010-62750112
印 刷 者	天津联城印刷有限公司
经 销 者	新华书店
	660 毫米 × 960 毫米　32 开本　8.75 印张　160 千字 2020 年 8 月第 1 版　2020 年 8 月第 1 次印刷
定　　价	55.00 元

未经许可，不得以任何方式复制或抄袭本书之部分或全部内容。
版权所有，侵权必究
举报电话：010-62752024　电子信箱：fd@pup.pku.edu.cn
图书如有印装质量问题，请与出版部联系，电话：010-62756370

目录 Edward Hughes

i　　　　文中注释、缩写与原译说明
iii　　　 前言　"谁是加缪？"

001　　　一　识文断字，或"一行行整齐的文字"
019　　　二　"真爱……窘页"
031　　　三　"这种阿尔及尔幸福"
045　　　四　只有工作，没有消遣
055　　　五　一个美丽的职业
069　　　六　两个局外人的故事
085　　　七　"人都是苦……"
103　　　八　《战斗报》与解放叙事
119　　　九　"一次缓慢发生的灾难"
137　　　十　语战在继续
147　　　十一　超越论战："从现在起：创作"

163	十二	舞台上的忏悔
175	十三	斯德哥尔摩和名誉的背后
193	十四	1958 年
211	十五	与自己同居
231	十六	一份有争议的遗产

249	参考文献
256	致谢
258	照片致谢

文中注释、缩写与原译说明

加缪相关作品缩写：

CAC

《〈战斗报〉的加缪》(*Camus à 'Combat'*)，雅克利娜·莱维－瓦朗西 (Jacqueline Lévi-Valensi) 编，巴黎，2002 年。

EK

阿尔贝·加缪 (Albert Camus)，《流放与王国》(*Exile and the Kingdom*)，卡罗尔·科斯曼 (Carol Cosman) 译，伦敦，2013 年。

FM

阿尔贝·加缪，《第一个人》(*The First Man*)，戴维·哈普古德 (David Hapgood) 译，伦敦，1995 年。

OC

阿尔贝·加缪，《全集》(*Oeuvres complètes*) 四卷本，巴黎，2006—2008 年。第一、二卷雅克利娜·莱维－瓦朗西编；第三、四卷雷蒙·盖伊－克罗泽 (Raymond Gay-Crosier) 编。

除注明英译出处外，引文均为笔者所译。

阿尔贝·加缪,塞西尔·比顿(Cecil Beaton)为《时尚》(*Vogue*)摄,纽约,1946 年

前言 "谁是加缪?"

用阿尔贝·加缪自己的话说,1957年获得诺贝尔文学奖的"喧闹"开始平息,他就写信给阿尔及尔的小学老师路易·热耳曼(Louis Germain),以表感激之情:"除了妈妈,我第一个想到的就是你。"他坦诚地说:"这些年来,你始终帮助这个心存无比感激的学生,我全心拥抱你。"(*FM*, 257)在1959年4月30日的一封信中,热耳曼也用这种感伤的语调回敬了加缪(在加缪眼里,热耳曼是位父亲般的人物)。热耳曼参加过第一次世界大战,得知加缪是个孤儿[加缪的父亲吕西安·加缪(Lucien Camus)于1914年10月11日在马恩河战役中受伤,经抢救无效身亡]后,心中唤起了一种父爱,因此他一直照顾这个才华横溢的学生。加缪记得他在法属殖民地阿尔及尔的奥莫拉街的社区学校上学时,热耳曼曾在学期末给这些十岁的孩子读罗兰·多热莱斯(Roland Dorgelès)的爱国战壕小说《木十字架》(*Les Croix de bois*, 1919)。

这是1923—1924年的事了。全世界都在谈论第一次世界大战，而加缪和他的同学们就是在这种谈论中长大的。他曾说，在那些年里除了战争你什么都听不到。少年时，他常去看望退役的残疾军人，库巴残疾军人疗养院就坐落在宜人的萨赫勒（Sahel）乡村，就在阿尔及尔东部电车线的尽头，一个同学的母亲在那里的疗养院洗衣厂工作。除了第一次去时留下了极深印象外，少年加缪对这些在战场上受伤留下残疾的许多年轻人已经见怪不怪了。（*FM*, 185–190）

国家教育体制是法兰西第三共和国的意识形态支柱之一，人们都以小学教师的教育和社会角色为荣：教育者将是法国文化价值的主要传播者。如向热耳曼表示感激之情的信所示，加缪的情况就是一个极有说服力的例子。在1959年4月给加缪的贺信中，热耳曼并未声称他非常了解这个已经变成名人的学生：

> 谁是加缪？我的印象是那些想要渗透你的本性的人并没有怎么成功。你总是本能地不愿意暴露你的本性和你的感情。你的成功更是由于你不易受他人影响并且行事直截了当。[1]

---

[1] Louis Germain, letter to Camus, 30 April 1959, *FM*, 258.

前言 "谁是加缪?"

究竟谁是加缪?在题为《夏》(*L'Eté*)的文集之结尾的一篇航海日记中,他表达了在时尚的街头行走时感到的离群孤寂和不安全感,人们总是问他是谁,也难免说几句赞誉的话。他的回答是:"还没什么,还没什么……"(*OC*, III, 616)这篇航海日记还打开了加缪对阿尔及尔童年的回忆:"我在大海中长大,对我来说,贫穷是一种奢侈,然后我失去了大海;所有形式的奢侈对我来说都变成了灰色,而生活之艰辛是难以忍受的。从那时起,我一直在等待。"加缪1946年3月跨过大西洋来到纽约,接着又进行了另一次漫长的跨越,从马赛来到里约热内卢(1949年夏天他到了巴西):海上旅行的记忆融入1953年创作的作品之中。[1]在他忧悒的自我描画中,在带有汉弗莱·博加特(Humphrey Bogart)色彩的一个作家身上,我们看到了惊人的迷惑和逃避感,此时加缪已经是发表了《局外人》(*L'Étranger*, 1924)和《鼠疫》(*La Peste*, 1947)的名作家了,是报道巴黎解放和第二次世界大战结束的全国知名的记者。20世纪五六十年代,虽然对冷

---

[1] 见皮埃尔-路易·雷伊(Pierre-Louis Rey)给加缪的《夏》撰写的编辑介绍,尤其是 *OC*, III, 1331. 又见 Herbert R. Lottman, *Albert Camus: A Biography* [1979] (Corte Madera, CA, 1997), p. 554。

战和殖民地阿尔及利亚相关的争论确保了加缪公众人物的地位,但在1958年8月2日的一则日记中我们看到一种同样的忧郁情绪,能看出他是在强迫自己保留这一书面记录,尽管他发现这极其令人作呕:

> 对我来说,活着是秘密。是他人的秘密……但在我自己眼里也一定是秘密,我不应该用词语将其揭示出来。沉默,不言,这样活着对于我才是富有的。(*OC*, IV, 1285)

对情感之词语表达的这种怀疑,构成了这种自我心理描写的一个惊人的因素,加重了路易·热耳曼提出的问题的分量,即这位从前的学生是谁。加缪曾经的朋友、后来的对手让-保罗·萨特(Jean-Paul Sartre)在加缪于1960年1月过早去世的几天后回顾了这个作家的生活,他"质疑我们、挑战我们,他本人就是一个需要有答案的问题"。[1]

在生命的最后一年里,加缪集中精力写作那部未完成

---

[1] Jean-Paul Sartre in *France Observateur* (7 January 1960); reproduced in Sartre, *Situations*, IV (Paris, 1964), p. 128.

前言 "谁是加缪?"

的小说《第一个人》,他说他的写作发生了他喜欢的那种转向。语境非常重要。此时,阿尔及利亚已经开战四年多了,最终以1962年国家独立告终。加缪非常清楚他所属的那个欧裔阿尔及利亚移民群体所处的越来越孤立的境地。

阿尔及利亚本土的柏柏尔人和阿拉伯人人口的数量在20世纪60年代已达八百万,而欧裔阿尔及利亚移民人口才一百万。早在1954年阿尔及利亚民族独立战争爆发前,这八百万人口中就有许多不满的激进派。1945年5月塞蒂夫(Sétif)事件(法国人因为阿尔及利亚人杀害一百名欧洲人而进行报复,导致数千穆斯林人的死亡)发生后,许多阿尔及利亚人变成了激进派。[1] 1955年8月在君士坦丁(Constantine)地区的菲利普维尔(Philippeville)发生的事件中,欧洲公民再次受到攻击,继而是残酷的法国军事报复,又有数千穆斯林人伤亡。菲利普维尔(事件)是这次冲突的转折点。1957年上半年阿尔及尔战役爆发,导致战争升级,法国军队占领了卡斯巴(Casbah),此时在法国的大都市里,越来越多的

---

[1] 见 Renaud de Rochebrune and Benjamin Stora, *La Guerre d'Algérie vue par les Algériens* (Paris, 2011), pp. 55–63。

人相信只有与阿尔及利亚叛军谈判才是出路。[1]

1958年，阿尔及利亚也促使了夏尔·戴高乐重登权力宝座，他找到了解决冲突的办法，也逐渐削弱了法国在全球的地位。1959年9月16日，他宣布阿尔及利亚人有自主的权利。如果说法国进步自由人士对法裔阿尔及利亚人所持的否定态度在阿尔及利亚战争期间令加缪越来越感到孤立，那么，在《第一个人》中，他坚持认为那些人也和他自己一样往往自身就被欧洲历史边缘化了：被1848年革命导致的政治暴力驱逐出巴黎的工人阶级和欧洲经济移民都在法国的鼓舞之下定居阿尔及利亚，其目的在于巩固法国对阿尔及利亚的殖民统治。1870—1871年的普法战争使普鲁士军队吞并了阿尔萨斯-洛林（Alsace-Lorraine），因此也使得许多法国人逃离这两个省份。加缪认为，这些法国战败的受害者——也就是加缪所说的那些被迫害的人——摇身一变成了迫害者，他们定居在阿尔及利亚的土地上。1871年一场原住民反抗被法国镇压后，柏柏尔人被赶出了自己

---

[1] 见John Talbott, 'French Public Opinion and the Algerian War: A Research Note', *French Historical Studies*, IX /2 (1975), pp. 354-361 (p. 358); 转引自Daniel Just, *Literature, Ethics, and Decolonization in Postwar France: The Politics of Disengagement* (Cambridge, 2015), p. 9。

前言 "谁是加缪?"

位于阿尔及尔的第一次世界大战阵亡将士纪念碑。加缪于1950年写道:"和我这一代人一样,我是在第一次世界大战的战鼓声中长大的,从此之后,我们的历史就仅仅是杀戮、非正义和暴力的历史了。"(*OC*, III, 606)

的家门。(*FM*, 149) [1]

因此,加缪的生活错综复杂地与法国在阿尔及利亚的起伏跌宕的殖民统治纠缠在一起。他承认这个国家的欧洲工人阶级定居者在文化上是内向的,但也痛斥富裕的殖民者

---

[1] 阿兹迪勒·阿杜(Azzedine Haddour)指出了随着对起义的镇压,柏柏尔原住民土地被大规模征用。见 A. Haddour, 'Bread and Wine: Bourdieu's Photography of Colonial Algeria', *Sociological Review*, LVII/3 (August 2009), pp. 385–405 (p. 395)。

进行贪婪的经济掠夺和政治欺压。此外，在第一次世界大战后几十年里，他对法属阿尔及利亚右翼的政治倾向不抱任何幻想，包括法属阿尔及利亚右翼对夏尔·莫拉斯（Charles Maurras）反动的法国民族主义的认可，对西班牙佛朗哥专制政权的支持，及其反犹太主义的文化。

加缪自己站在左翼一边，尽管他不喜欢被划分派系。正如他去世前不久在普罗旺斯的艾克斯对一群国际学生所说，他与左派是同盟，尽管他本人不是左派。[1] 就法国人在阿尔及利亚居住的问题，他坦言，殖民政府给这个国家的阿拉伯人和柏柏尔人带来了社会贫穷。但在观点上他仍然是法裔阿尔及利亚人，仍然相信法国－阿尔及利亚共存的可能，拒绝承认20世纪60年代末阿尔及利亚的独立。

如果说加缪与阿尔及利亚联系紧密，那么他也强烈地感到自己是时代的产物。看到他那代人所面对的全球暴力，他对未来一点都不乐观，实际上，在许多情况下他认为这种暴力孕育了一种虚无主义的文化。[2] 接受诺贝尔奖几天后在乌普萨拉大学的演讲中，他想起一位中国古代圣人每天都祈求

---

[1] 转引自 Benjamin Stora and Jean-Baptiste Péretié, *Camus brûlant* (Paris, 2013), p. 102。

[2] 见 Albert Camus, *L'Eté*, *OC*, III, 606。

远离"有趣的时代",这其实是一个冲突的时代的委婉说法。(*OC*, IV, 247)在这个"西方历史上最糟糕的世纪"里,加缪与其同代人都无法逃离这种冲突。[1]作为小说家、剧作家、记者和公共评论人,他是在世界冲突和帝国陷落的背景下写作的。他谈到阿尔及利亚卷入其中的"一切错误、矛盾和犹豫不决"。(*OC*, IV, 304)但是,如一位批评家所看到的,"问题不在于赞成或拒绝"加缪的立场,而在于理解构成这个立场的历史语境。[2]加缪的成就和局限性,以及他在一生中遇到的死胡同乃是本书下面各章的话题。

---

[1] Isaiah Berlin,转引自 Eric Hobsbawm, *Age of Extremes: The Short Twentieth Century, 1914–1991* (London, 1995), p. 1。

[2] Peter Dunwoodie, 'Negotiation or Confrontation? Camus, Memory and the Colonial Chronotope',集于 *Albert Camus in the 21st Century: A Reassessment of His Thinking at the Dawn of the New Millennium*, ed. Christine Margerrison, Mark Orme and Lissa Lincoln(Amsterdam, 2008), pp. 45–60 (p. 60)。

一 识文断字，
或"一行行整齐的文字"[1]

阿尔贝·加缪1913年11月7日出生，是19世纪定居在殖民地阿尔及利亚的欧洲工人阶级的后代。1830年，法国海军轰炸阿尔及尔港口，标志着法国军事征服阿尔及利亚的开端，此后，始终有法国人在那里定居。他出生在阿尔及利亚东部君士坦丁地区蒙多维（Mondovi）附近一个叫圣保罗的小村庄。那年年初，全家刚从阿尔及尔搬到这里。父亲吕西安·加缪是位农业工人，在一家葡萄酒厂利科姆工作。加缪一岁生日时，全家又搬回了阿尔及尔，由于一家之主死于战争，所以他们在城东的一个工人区里艰难度日。

加缪的《第一个人》主要是一部自传，但没有完成，1994年才得以出版。书中，加缪着重描写了阿尔及利亚

---

[1] *FM*, 194.

欧洲人社区脚踏实地的作风，这些社区中主要是法国人，但也有来自意大利、西班牙、马耳他等地的移民。加缪一家代表了这种混合：父亲来自法国，母亲卡特琳·桑特（Catherine Sintès）是西班牙移民的后裔。这些移民工人的视野狭小，只考虑经济需要，局限于家庭圈子之内。加缪在《第一个人》中将此说成是"可怕的贫穷的着装和眼泪"。(*FM*, 128)

然而，如书中清楚地表达的，在殖民地阿尔及利亚，贫穷也是分等级的。他的家境还没有像这个国家的柏柏尔人和阿拉伯人那样贫困。《第一个人》中的叙述者在阿尔及尔的贝尔库区长大，当地超市附近一条街上的垃圾总是被穷人翻个底朝天：

> 饥饿的阿拉伯人或摩尔人（Moors），或某个老西班牙流浪汉，天一亮就打开垃圾箱，看看是否能从里面捡到穷苦节俭的家庭弄得太脏以至于扔掉的东西。(*FM*, 108)

殖民地不同族裔的收入差距极大，在20世纪50年代，欧裔阿尔及利亚人的收入是阿尔及利亚穆斯林人收入的二十八倍。1955年法国政府的一份调查报告称百分之九十三的阿尔及利亚穆斯林人属于社会中最贫穷的阶层。[1]

像加缪这样的工人阶级家庭所面对的经济贫困确实是真实的,并将他们与殖民地中产阶级分离开来。加缪了无生趣地谈到过见到负责准备第一次圣餐的牧师时的情景,牧师称他们是那些质朴民众的"粗鲁、顽固的孩子们"或"小人儿们"。(*FM*, 132) 反教权主义在19世纪法国殖民者的工人阶级后裔中非常盛行,加缪小时候家里极少举行天主教仪式。

对比之下,加缪接受的教育确实是极为正规的,他很小就进入了法国教育体系,后来又从事写作,成为记者,首先在阿尔及尔,然后到了巴黎,这使他脱离了北非殖民地的工人阶级之根。他的家庭毫无疑问地代表了阿尔及尔东部贝尔库区典型的劳动文化。母亲做家务,舅舅艾蒂安(Etienne)在一家小工厂里当制桶工人。自传式的《第一个人》描写了这样的故事,星期四放学之后,雅克·科尔梅里(Jacques Cormery)会赶紧写完作业,赶到制桶厂,体验那里的体力

---

[1] 见 Daniel Lefeuvre, 'Les pieds-noirs', in *La Guerre d'Algérie: 1954–2004, la fin de l'amnésie*, ed. Mohammed Harbi and Benjamin Stora (Paris, 2004), pp. 267–286 (p. 272)。又见 Benjamin Stora, *La Guerre d'Algérie (1954–1962)* (Paris, 2004), p. 14。

劳动。(*FM*, 96–99) 加缪常常对资本主义对工人的经济剥削直言不讳，但也为体力劳动的物质性所吸引。在20世纪50年代写的一篇短故事《沉默的人们》(*The Silent Ones*) 中，制桶工人伊瓦尔（Yvars）虽然已经对老板忍无可忍，但还是通过与木头的感性接触而感到了紧张的释放。在刨制木材时，伊瓦尔"又闻到了那熟悉的味道，心中的紧张缓和了许多"。(*OC*, IV, 39) 加缪成熟的感性转换成了伊瓦尔的知觉力。

对年轻的加缪来说，家庭生活是常常在无言和沉默的氛围中展开的。母亲卡特琳·桑特有严重耳聋，是儿时生病落下的。(*FM*, 63) 她的口头交流很有限。此外，与两个儿子——小儿子阿尔贝和大儿子吕西安（Lucien）相比，这个家庭成员中的长辈都没文化。在针对社会非正义的一次情绪化抗议中，加缪谈到了母亲被社会排斥和被疾病折磨的生活。他写道：

> 整个一生他都看到她躲在那种看不见的障碍背后——温顺、谦虚、殷勤，甚至恭顺，但从未被任何人或任何事所征服，她由于半聋而孤独，表达困难，但无疑美丽，道德上高不可攀。(*FM*, 46)

一 识文断字，或"一行行整齐的文字"

卡特琳·桑特在丈夫1914年死于战争后终身未嫁：

> 跪着擦地板，没有男人的陪伴，没有安慰，生活在别人的油腻缝隙和肮脏的麻布之中，一天又一天的漫长的劳动累积成这样一种没有希望的生活，没有愤怒、没有意识、坚持操守的一种生活，接受各种痛苦，自己的痛苦和别人的痛苦的一种生活。(*FM*, 46)

她无法忍耐听广播或读报纸，报纸上只有插图对她具有某种意义。她沉默的观察转而指向了楼下贝尔库街道上的生活，"她用半生琢磨那同一条街道"。(*FM*, 76) 她弟弟艾蒂安住在里昂街（现在的贝鲁兹达德街）也承受了这个扭曲的家庭的痛苦，半耳聋，只能讲上百个词儿。(*FM*, 77) 如果我们继续挖掘《第一个人》中的自传成分，我们看到几十年后，加缪从法国回来探望在阿尔及尔的家时，发现母亲和舅舅相依为命，"时不时用断断续续的声音进行一种不能算作语言的对话，但比正常的夫妻更加紧密、更加相互了解"。(*FM*, 100) 姐弟间大部分时间沉默但却相依为命的生活使加缪放下心来，彻底接受了这种特殊的合居。1948年3月，小说家路易·吉尤（Louis Guilloux）去阿尔及尔拜访加缪，也为加缪与母亲间这种大部分时间沉默的交流感到惊奇。这种非典型的经验将融入加缪的小说，即用最少的词语交流构成一个主旨。

当开始比较多地了解了父亲其人时，加缪已经是个名作家了。据说吕西安·加缪本人也少言寡语，加缪从父亲过去的一个同事那里了解到"不爱说话，他不爱说话"。(*FM*, 144) 这些私生活和不牢靠的记忆在加缪晚期作品中呈现为更为广阔的文化分支，在某种意义上也可以说是政治分支，在20世纪50年代中晚期移植到关于法国在阿尔及利亚的地位的焦虑上来。在1958年7月29日的一则日记中，加缪已经陷入恐慌："上午我为阿尔及利亚烦恼。太晚了，太晚了……如果我失去了家乡，我就不再有任何价值了。"(*OC*, IV, 1284) 在《第一个人》中，他表达了一种不安全感，那是产生于儿子对父亲的记忆的一种不安全感，他在"这片巨大的充满敌意的土地上消失了，……进入了村庄和平原的无名历史之中"。(*FM*, 145)

加缪的童年是在外祖母家度过的。卡特琳·桑特[娘家姓氏是卡多纳（Cardona）]1857年出生在梅诺卡岛这座西班牙小岛上的一个叫圣路易斯的村庄里，她操持着这个像鸡棚一样的家。加缪的作为遗孀的母亲一直服服帖帖，听从

一 识文断字,或"一行行整齐的文字"

20世纪初的阿尔及尔,市政剧院和共和广场明信片

她母亲的呼唤,她的母亲家里也有许多人过早夭折。"她对死亡就像对工作或贫穷那样熟悉",他在《第一个人》中这样写道。的确,日常生存的物质压力迫使外祖母和许多其他人留在了阿尔及利亚,加缪写道,无视"在文明高峰时期兴旺的那种葬礼式的虔诚"。(*FM*, 128)

对年轻的加缪来说,家乡生活的文化狭隘性在他十七岁生日到来之前已经明朗。他乘电车来到阿尔及尔的另一端,在位于巴布瓦迪区靠近卡斯巴要塞的重点法语中学开始中等教育。贝尔库的家庭生活意味着文化局限:"通常人家日常谈话中获得的图像、书面文字、口头语言以及各种文化表

阿尔及尔的巴布瓦迪民众集会场所

征,他们都没有"。(*FM*, 158)路易·热耳曼——加缪在获得诺贝尔文学奖时专门提到的那位给予他灵感的小学老师——的介入,是向中学过渡的关键。热耳曼是规范教育与加缪家庭之间的一个得体的中介。看到了这个学生的才华,并确信他应该上中学,热耳曼来到加缪家,向加缪的祖母和母亲说明如何从区小学转走的事情。他还给加缪和其他孩子们额外的学费,让他们准备入学考试,在考试当天他还陪着他们穿过整座城市来到中学考场。

等待着热耳曼的学生们的是中学的文化冲突。整个一生中,对从法国学校体制及其外获得的文化,加缪从没有感到完全适应。[1] 就他的情况而言，在中学谈论家事往往需要一种文化翻译，尤其是他的家庭背景。然而，加缪注意到，他不突出的地方恰恰是父亲在第一次世界大战中的阵亡。这意味着，和哥哥吕西安一样，他也是许多"国家的学生"之一，即受国家保护的孩子，父亲在战争中的牺牲得到了承认。在法国殖民文化中，中学扮演了重要角色，成了法国大都市价值有力的传输管道。在加缪的学校，鼓声准时敲响学校生活的不同时段 [如哲学老师让·格勒尼埃（Jean Grenier）后来向加缪坦言，正是那种军团化的炫耀把他赶出了阿尔及尔]。[2]

在阿尔及利亚社会中，比阶级差异更明显的是种族差异，《第一个人》的叙述者如是说。在小学，欧裔阿尔及利亚人会有一些穆斯林同学，但在中学，只在一些例外的情况下才有穆斯林学生加入。加缪注意到，学校餐厅的工作人员都是阿拉伯人，这是当时欧洲人的惯常称呼。阿尔及尔重点中学的名称本身就反映了这个国家的殖民史。加缪 1924 年来到这所中学时，它叫阿尔及尔大中学。1930 年阿尔及利亚

---

[1] Annie Cohen-Solal, *Sartre, 1905–1980* (Paris, 1985), p. 433.

[2] Albert Camus and Jean Grenier, *Correspondance, 1932–1960*, ed. Marguerite Dobrenn (Paris, 1981), pp. 80–81.

庆祝法国百年殖民统治时，它改为比若中学（比若曾于19世纪40年代领导了对阿尔及利亚的武力征服）。1962年阿尔及利亚独立后，它又易名为阿卜杜勒卡德中学，为了纪念阿尔及利亚最著名的军事将领之一，他于19世纪30年代和40年代领导了阿尔及利亚抗击法国军队的圣战。

中学生活使加缪接近了中产阶级的世界，他自己的社会出身与许多同学的出身形成了鲜明对比。由于要填写一份要求有父母职业信息的表格，他在母亲那栏写上"ménagère"，而一个同学——也是贝尔库一个工人家庭的孩子，母亲在邮局工作——则解释说，"ménagère"指的是照看自家家务的女人。显然，他需要填写的是用人（"domestique"），而加缪自传小说中的主人公雅克·科尔梅里则不仅感到这个词很怪，而且还由于用了这个词而感到羞耻，并由于感到羞耻而羞耻。（*FM*, 159）学校的表格上还要求有父母的签名，这也是一个大问题，因为即便母亲此时已经学会了怎样签署战争遗孀养老金的表格，但如果她不在家的话，就没有人可以代替她签字了，这也没有瞒得过学校。（*FM*, 161）

关于语言与接触书面文字的权力游戏将成为加缪小说世界中的重要主题，而根源却在其早期的家庭生活经验之中。上小学时，家里没有报纸和广播，也没有书，只有"随手可用的物品、家里人使用的东西,他们很少离开家,而见到的其他家庭的人也同样是没文化的"。(*FM*, 158) 显然,这是一个封闭的文化上受限制的世界。

多年后,当这位成年的儿子已经成为巴黎的名作家时,他回家看望母亲,发现除了基本家具外,母亲仅有的物品是一个阿拉伯风格的铜烟灰盒(留给他用的)和一个标准的法国邮局日历。(*FM*, 48) 令这位衣锦还乡的儿子同样惊奇的是,厨房柜橱里仍然和以前一样放着极少的食物,"这种赤贫令他着迷"。(*FM*, 47) 加缪再次通过雅克·科尔梅里这个人物之口表明他得以长大的家庭环境里竟然没有画,没有任何形式的装饰,后来他住在富人家里又是如何,这之间的对比是惊人的。

1921年当家搬到里昂93街的一个公寓时,他还在上小学,此前则住在17街。现在住的这个地方是在贝尔库区,卡特琳·桑特就是在这里开始婚后生活的。93街的空间是有限的,加缪、哥哥和母亲同住在一个房间里,外祖母住另一个房间,而舅舅艾蒂安则住在厨房。[1] 1930年12月,十七

---

[1] 见皮埃尔-路易·雷伊关于加缪生平的绝妙讲述,'Chronologie', *OC*, I, LXIX-XCVIII (pp. LXX–LXXI)。

岁的加缪被诊断患有肺炎。这是当时西方流行的一种疾病，常常会使患者有生命危险，这严重干扰了加缪的中学学习。这个疾病将在他一生中多次复发，阻碍他要当一名哲学老师的愿望：1938年秋，他没有通过体检，未能参加学衔考试，这是法国每年一度的招募高水平教师的竞争。

作为治疗的一部分，十七岁的加缪在一个富裕的姨夫古斯塔夫·阿库（Gustave Acault）家里住过一段时间。阿库在米什莱街（现在的迪杜什－穆拉德街）有一套房宅，在这里，他把从法国进口的肉卖给来自法国的中产阶级，他们看不上当地土产肉的质量。[1] 阿库与卡特琳·桑特的妹妹安托瓦妮特（Antoinette）结了婚。加缪后来说他上午做生意，余下的时间都泡在藏书很多的图书馆里，或在咖啡馆里讨论思想。(*OC*, III, 881)

加缪注意到，他所属的阶级和人的一个重要标志是通过语言显示出来的。小时候在家里，日常物品的名称都很平常：壁炉上的花瓶、罐子、汤盘。(*FM*, 48) 在城那边的阿库家里，他发现了一种不同的物质文化，他们会谈论孚日山的陶器或坎佩尔（Quimper）的餐桌服务："雅克是在一贫如

---

[1] Max-Pol Fouchet, *Un jour, je m'en souviens* (Paris, 1968), pp. 11–12.

洗之中长大的,见到的物品都是用普通名词命名的;正是在姨夫家里他见到了这些专有名词"。(*FM*, 48)

当回顾早年的家庭生活时,关于语言的反思继续给作家加缪以力量。他怀恋星期四学校放假时在市政图书馆里度过的时光,幻想着逃学,去过米歇尔·泽瓦克(Michel Zévaco)的《帕代兰》(*Pardaillan*)系列小说中那种斗篷与短刀式的生活。(*FM*, 190-191)加缪提到在他开始上中学的时候——大约在20世纪20年代中期——在贝尔库灰尘滚滚的街道与圣奥迪勒公园附近时髦的住宅区之间建了一所市政图书馆:"一边是沿着边界排列的长长的一趟别墅,另一边是廉价的建筑。"(*FM*, 191)中间是种植阿尔及尔潮湿气候下各种植物的小花园。欧裔移民区内部的阶级分化已然自行显现出来。

经过一段长时间的小说阅读,年轻的加缪和社区里的一个中学同学常常光顾

> 这一整个由形象和记忆构成的宇宙,从不屈服于日常生活的现实,这当然也直接触及了这些热切的孩子们,他们就像在过去的生活中一样热情地过着梦一样的生活。(*FM*, 192)

于是，这位未来的作家就这样真切地接触到了文学。《第一个人》重构了这一切：仅仅进入图书馆的大门就使这个男孩走出了"满是灰尘没有一棵树的"贝尔库世界，他会带着两本带有标准图书馆标号的书飞跑着回到家里，在油灯下读起来，光线洒在了廉价的蜡制桌布上。小说的粗制滥造并没有减少这个男孩的快乐，只要情节是猛烈的，描写得清楚就好。

这位热切的年轻读者的母亲自己不识字，这又加剧了母子之间情感关系的复杂性。在《第一个人》中，加缪想起一个奇怪的时刻，即主人公的母亲对阅读的世界着了迷。和儿子一样，她也嗅闻着书的味道，但也就是在这里差别出现了。

> "那是图书馆的味道，"她会说。她发错了"图书馆"这个词的音，她总是听儿子说起这个对她毫无意义的词，但她能识别出书套。"是的，"雅克说着抬起头来望着她。卡特琳·科尔梅里（Catherine Cormery）靠在他的肩头上，看着灯光下那两块并排的矩形，一行行整齐的文字；她会深吸一口那书的味道，有时她会用肿胀的手指抚摸书的纸页，那是洗衣服时被水泡肿了的手指。她好像似要明白一本书是什么，更接近那些

一　识文断字，或"一行行整齐的文字"

她不明白的神秘的符号，而她的儿子却经常一连几个小时地埋头于她未知的一种生活，每当他从那种生活中走出来的时候，他总是那样望着她，仿佛她是个陌生人似的。(*FM*, 194)

印刷的书令母子俩着了迷，一个是废寝忘食的小说消费者，另一个是无法进入阅读世界的着了迷的旁观者。小说既在又不在，这一对立导致了情感的混淆：母亲似乎要探查"两块并排的矩形，一行行整齐的文字"中的秘密，而当儿子回到现实之中时，他眼中的母亲却似乎是个陌生人。对书的接触引出了这些对立的反应，把文学选作生活之路对加缪来说是某种形式的背叛，是与家庭出身的背道而驰。他在巴黎多年的作家生涯将使他远离家庭和工厂劳动，而那正是其他家人的生活经历。但他从未成为一个真正的巴黎人。而作为伽利玛（Gallimard）出版社著名作者的身份也没有使他脱离自己的源头。然而，与这一职业轨道相左的那种情感矛盾却清楚地表现在他给《第一个人》的献词中："献给从不能阅读此书的你"——这个"你"就是母亲，"孀妇加缪"。(*FM*, 3)

在这两个世界之间的穿梭就等于在加缪的写作生涯中

扮演一个中枢角色。在中学读书时他每天乘电车到行政广场的汽车站。从那里，他和贝尔库的同学步行走到繁华的巴布阿佐恩拱廊街附近的中学。（*FM*, 167）加缪每天都在那里待十二小时，"听着鼓声，在孩子和老师群里玩耍和学习"。（*FM*, 195）由于出身寒微，他是走读生，可以更方便地使用学校设施，包括在校用餐，从上午 7 点 15 分开始，在校完整的一天就意味着他每天晚上回家陪母亲不超过两三个小时，而"实际上除了在穷人的睡梦中外他几乎没有真正与母亲在一起"（*FM*, 195）——而这指的是卡特琳·加缪与两个儿子共住的一个寝室。因此，一方面，工人阶级的贝尔库是加缪早期生活的核心，但漫长的中学岁月又使得这个社区对这个中学生来说不过是夜晚、睡觉和梦。（*FM*, 195）

由于家与学校之间的天壤之别，在大中学的生活并不是家庭谈话的主题，也没有同学和老师到家里来过。唯一的例外是后期加缪生病时让·格勒尼埃来看望他那一次。格勒尼埃是布列塔尼人，后来也成为巴黎伽利玛出版社的一位作者。他看到加缪的家庭状况时不禁大吃一惊，他记得他来访时，他的学生非常冷淡，只是一个字一个字地蹦。"在你眼里，"格勒尼埃于 1942 年写道，"我是代表社会的，但对我来说，你从来都不是局外人。"他指的是加缪在几个月之前出版的第一部小说。[1]

回想起中学每年一度发奖的时候，成年的加缪总是带着紧张的母亲和外祖母，她们两人都穿着星期日才穿的好衣服，也就是像她们那一代西班牙妇女一样穿的黑色的连披肩的头纱，这使那个中学生感到有些难堪。(*FM*, 197) 这种仪式是要展示阿尔及尔这座殖民城市里的法国性，下午两点钟，一支军乐队吹响《马赛进行曲》(*Marseillaise*)，开始庄严的学术演讲，演讲者往往是最年轻的教师，刚刚从法国毕业的，演讲中有些人文主义典故，令欧裔阿尔及利亚人摸不着头脑。毫不奇怪，这种爱国主义氛围和学术矫饰犹如洪水一般浇在加缪母亲身上，我们在《第一个人》嘲讽般的回忆中看到，卡特琳·科尔梅里"毫不眨眼地沐浴的那博学和智慧之雨，接连不断地浇在她身上"。(*FM*, 198) 回到家里，要等到下一年才能造访那所中学了，母亲换上往常的衣服，又被动地坐在窗前，望着窗外的贝尔库。

但对年轻的加缪来说，正如历史学家本杰明·斯托拉 (Benjamin Stora) 和让－巴蒂斯特·佩雷提埃 (Jean-Baptiste Péretié) 所强调的，小学和中学是构筑加缪法国共和价值的

---

[1] 转引自 Camus and Grenier, *Correspondance*, p. 77。

关键。[1]实际上,加缪将在20世纪30年代末的竞选运动中大力呼吁友爱和平等的价值,以便在这个国家开展占人口大多数的穆斯林人的经济和社会改革。然而,如我们将看到的,他在20世纪30年代和40年代的改革思想将在20世纪50年代失去魅力,因为全国大多数人都已经投入到独立斗争之中了。[2]

---

[1] Benjamin Stora and Jean-Baptiste Péretié, *Camus brûlant* (Paris, 2013),p. 68.

[2] Ibid., p. 69.

二 "真爱……窘页"

如之前的路易·热耳曼一样,让·格勒尼埃(后来加缪称其为"睿智的老师")在加缪的发展中起到了重要作用。[1]他建议他的这位学生特别要读两部小说,他本人对这两部小说的作者非常熟悉。一个是安德烈·德·里绍(André de Richaud)的《痛苦》(*La Douleur*, 1930),讲的是第一次世界大战的一位遗孀的故事,她那被社会边缘化的生活,使年轻的加缪看到文学领域是可以容纳穷人的世界的。另一个是路易·吉尤的《民宅》(*La Maison du peuple*, 1927),所描写的是另一种贫穷,讲的是1914年以前住在布列塔尼的圣布里厄的一个鞋匠家庭的故事。吉尤的小说呼唤工人阶级起来与剥削阶级进行斗争,他对社会斗争的同情触动了加缪。1945

---

[1] 路易·吉尤提供的信息。见 Albert Camus and Louis Guilloux, *Correspondance: 1945–1959*, ed. Agnès Spiquel-Courdille (Paris, 2013), p. 201。

年夏，格勒尼埃还把吉尤介绍给加缪，后来他们成了亲密的朋友。

格勒尼埃推荐的读物使得年轻的加缪从贝尔库解放出来，这里的哺育给他留下的是彷徨和犹豫。多年以后，即1948年，作为享有盛名的作家的加缪赞扬了吉尤的《民宅》的成就，并给如此激发他想象力的一部书撰写了再版前言。

1959年格勒尼埃的《岛屿》（*Les Iles*）再版时，加缪也愿意为其撰写序。1933年该书首次发表时，它也令年轻的加缪着了迷。这是一部散文集，格勒尼埃呈现的是一个旅游者的世界，告诉人们何以在"看到一个景色时，它就像伟大的音乐家演奏一件非常普通的乐器那样对我们发生作用"。[1]如加缪在给格勒尼埃撰写的前言中所说，老师的著作成了一个矫正器，在二十五年前就纠正了年轻的加缪所居于其中的感觉世界。他在贫困中长大，但是阿尔及尔的生活对他来说也意味着海滩与身体的快感，他说这没有花费任何本钱："我们生活……在感觉之中，在世界的表面，在各种色彩和浪花之中，在地球上各种迷人的气味之中。"格勒尼埃的视角揭

---

[1] Jean Grenier, 'Les Iles Fortunées' (The Fortunate Isles), cited by Toby Garfitt, 'Situating Camus: The Formative Influences', in *The Cambridge Companion to Camus,* ed. Edward J. Hughes (Cambridge, 2007), p. 30.

二 "真爱……窘页"

示出一种不同的气质上的亲和力,1959年,成熟的加缪反思说,那是一种启示:"它让我们祛魅;让我们发现了文化。"[1] 加缪想要说的是,格勒尼埃——不是地中海人,而是凯尔特人(在圣布里厄曾与路易·吉尤上过同一所学校)——所宣告的是感官快乐的非永久性。

作为一个热切的格勒尼埃读者,1933年的加缪将所有这些统统吸收。他在前言中谦虚地反思说,"这个贯穿各个时代的伟大主题"对他来说是全新的,"我们需要被……从快乐的原始主义中拖出来"。[2] 其结果,加缪又说,将是一个怀疑的世界,一种生产性的怀疑,它将给艺术提供养分。加缪启用艺术花园这个形象,他评论道,这座花园的魅力与阿尔及尔高地上有围墙的花园同样迷人,而花园里看不见的内部——富裕的殖民者的家——就是他在贫困中所梦想的主体。

1933年,《岛屿》成了一种催化剂。在一种有意识的接纳行为中,加缪感觉这些文章激发了他内心要写作的欲望。这是一种作为再生形式而存在的欲望:"有些事,有些

---

[1] Camus, "Préface", Jean Grenier, *Les Iles* [1959] (Paris, 2012), p. 10.
[2] Ibid.

人,在我内心深处朦朦胧胧地搅动了我,想要说话。"[1]在为格勒尼埃写的前言中,他迈出了惊人的一步,在以前的自我中看到了想要服从于并接受某位精神大师指导的必要性。他已经自觉于1959年他所使用的那种语言的要旨,承认那种语言在一个"半真理"的年代里所传达的只是一种不时髦的信息,"每一个意识都在追求他人的死亡"(他以一种贬低的口吻指向的是当时法国左翼知识分子中流行的黑格尔观念)。[2]

1932年秋,加缪处于青年时期,即将结束中学最后一年的学习。他进入了"大学预科班",其部分课程是为法国高师入学考试准备的。全班男女生加在一起共有十几名学生,加缪可谓异军突起。在同学看来,他不合群,总是皱起眉头沉湎于读书。[3]同学中大多是中产阶级出身,所以年轻的加缪现已属于一个不同于自己出身的社会圈子。当1933年让·格勒尼埃把家搬到位于山顶上的依德阿公园时,加缪成了格勒尼埃家里的常客,因此也成为一群年轻才子中的一员。1960年加缪死后,格勒尼埃回顾起三十年的"相互倾

---

[1] Camus, "Préface", Jean Grenier, *Les Iles* [1959] (Paris, 2012), p. 13.

[2] Ibid., p.14.

[3] 见 Oliver Todd, *Albert Camus: Une Vie* (Paris, 1996), p. 51。

慕",淡化了他本人对加缪的知识性影响,而他用了但丁的一句话:"星星之火发起燎原之势。"[1]

在加缪的同代人中,有雕塑家、画家路易·贝尼斯蒂(Louis Bénisti),有后来成为西班牙语言研究者的安德烈·贝拉米什(André Belamich),有后来成了诗歌评论杂志《方丹》(*Fontaine*)编辑的马克斯－波尔·富歇(Max-Pol Fouchet)。这个群体中还有让·德·麦松索尔(Jean de Maisonseul),富歇将其说成是普鲁士风度的贵族:他后来成为建筑师,再后来成为阿尔及利亚独立后更名为国家美术馆的博物馆的馆长。[2]

富歇的女朋友,一个名叫西蒙娜·伊爱(Simone Hié)的艳丽女子,也属于这个社会圈子。她是一位中产阶级家庭的女儿(母亲是验光师),后来抛弃富歇,投入加缪的怀抱。当加缪向姨夫古斯塔夫·阿库宣布与西蒙娜结婚的意愿时,阿库强烈反对,于是加缪感到该是离开姨夫家的时候了。在郊区依德阿住了一段时间之后,1933年夏,他搬到哥哥吕西

---

[1] Dante, *Paradise,* I. 34,转引自 J. Grenier, 'Il me serait impossible...', in *Hommage à Albert Camus 1913–1960, Nouvelle Revue française*,LXXXVII (March 1960), p. 409。

[2] Max-Pol Fouchet, *Un jour, je m'en souviens* (Paris, 1968), pp. 16–17.

安家,吕西安在米什莱街有栋房子。[1]西蒙娜·伊爱和加缪于1934年6月16日结婚,在依德阿公园建了一个家。

前一年的秋天,他在阿尔及尔大学开始了一个两年的哲学学位课程,作为结业报告他写了一篇研究生论文(DES),是论普罗提诺(Plotinus)和圣奥古斯丁(Saint Augustine)的,于1936年5月完成。加缪与西蒙娜·伊爱的婚姻没有维持多久。她有毒瘾,1936年夏末,在一次中欧旅行之后这对夫妇分手了,因为加缪发现她与给她开药的医生有染。他在一篇短文《灵魂之死》(*La Mort dans l'âme*)中描写了这段致命的中欧之夏之后产生的空虚感。

这篇短文见证了从少年时就开始尝试创作的加缪现已朝那个方向迸发了。但进步却是有代价的。在一篇虚构的自传故事中,与作品同名的年轻主人公路易·兰雅尔(Louis Raingeard)为母子关系而痛苦,想到他的知识和审美发展逐渐地把母亲排除在外了:"每一本书的发现,每一次更加微妙的情感体验……使他们离得越来越远了。"(*OC*, I, 90–91)

《路易·兰雅尔》的素材将成为《反与正》(*L'Envers et*

---

[1] 见 Albert Camus and Jean Grenier, *Correspondance, 1932–1960*, ed. Marguerite Dobrenn (Paris, 1981), pp. 15, 237。

二 "真爱……窘页"

阿尔及尔卡斯巴区的一家摩尔式（Moorish）咖啡馆

l'Endroit）的"排演"素材，这是题献给让·格勒尼埃的一本薄薄的文集，1937年5月由年轻的阿尔及尔出版商埃德蒙·夏洛（Edmond Charlot）出版，他也是常常来格勒尼埃在依德阿花园的家里聚会的人之一。法文题目的意思是房屋的前脸（正面）与习惯上看不到的另一面（反面）之间的对立，加缪用这个隐喻让人们注意人类眨眼睛的视觉现象：对生活的热爱既伴随着但也常常隐藏起对生存的绝望。

文集中的这些短篇构成了关于加缪的传记式阅读，记录了加缪20世纪30年代充满悲观失望、缺少闪光点的生活境遇：阿尔及尔的工人阶级社区，年轻男性的傲慢与老年人的内省和孤独之间造成的代沟。第一人称叙述者讲述了他在布拉格度过的那些"致命的日子"[1936年与西蒙娜·伊爱分手后在《灵魂之死》中再次讲述]。在马略卡岛的帕尔玛一个拥挤的咖啡厅里，一个女人跳着性感舞蹈，博得了男性的喝彩。在阿尔及尔的一个摩尔式咖啡馆里，已经成年的儿子回忆起母亲默默地静坐着，透过公寓的窗口望着外面穷人的生活，而他却为"那位陌生母亲的冷淡而震惊"。(*OC*, I, 50) 在他心里，加缪的主人公回忆说，伴随着夜晚交通的噪音和楼下咖啡馆里演奏的手风琴曲，是一个隐居的母亲的形象，尽管患有严重手部关节炎，但她还在默默地编织着。(*OC*, I, 53)

这个谜一样的心不在焉的母亲形象是加缪早期作品中的情感动力。故事开始讲这位"不思考的女人的声音"，他也是这样介绍以《贫民区的声音》(*Les Voix du quartier pauvre*) 为题的同一个写作计划的草稿的，那是1934年12月25日献给妻子西蒙娜·伊爱的礼物。[1] 同样，在加缪从1935年5月直到生命结束始终坚持的《笔记》(*Carnets*) 的第一页，复

---

[1]   这个文本是 *L'Envers et l'Endroit* 的附录中的一部分，收入 *OC*, I, 75–86。

杂的母子关系就作为一切的基础跳入读者的眼帘："儿子对母亲的奇异感觉形成了他全部的情感。"[1]

对童年的重新体验在《反与正》中是以归家的形式呈现的："我被遣返回来。我想到的是一个在贫民区生活的孩子。那个地区！那栋房子！"（*OC*, I, 48）文中的自传基础是显而易见的：家里没有照明的楼梯井，孩子对扶手上蟑螂的发自本能的恐惧，恶臭的走廊，每天劳动结束后从楼上搬到楼下前门用来坐着欣赏晚景的椅子，以及自然的回报："对于位于社会底层的人们，天空呈现其完整的意义：那是一种无价的恩惠。"（*OC*, I, 49）

加缪的刻画不仅是视觉的，而且是心理的。对过去的这种回归没什么值得炫耀和庆祝的。尤其是儿子与母亲的关系，那是一种紧张的、幽闭症式的叙述的主体。他的母亲显然是一个极为孤独的人，即便其他家里人晚上回到家后，她也依然独自一人坐在公寓里："夜幕在她周围降临，她的无声传达了一种无可救药的荒芜。"（*OC*, I, 49）对于年轻的加缪来说，母亲的"动物般的沉默"不仅标志着她拒人于千里之外，也说明她的情感孤独，即便他对她的怜悯上升为爱，

---

[1] Camus, *Carnets*, *OC*, II , 795. 在原文中强调。

他也依然无能为力。

那个加缪,对私人情感常常保持缄默的加缪,开始把这种原始情感输入文学,这在很大程度上是由于让·格勒尼埃的介入。1951年安德烈·纪德(André Gide)去世时,加缪写了一篇小文,收录在伽利玛出版社为纪念这位著名雇员而出版的文集中(加缪本人也从1943年末开始为这家出版社工作,直到最后)。在加缪的颂词中,他回忆了与这位比他年长四十岁的已故作家第一次工作接触时的情景,是古斯塔夫·阿库向外甥介绍了纪德的赞颂感性生命的《大地的果实》(*Les Nourritures Terrestres*)一书。但是,比纪念纪德这位经典人物更加醒目的是与不知名作家安德烈·德·里绍的奇异相遇。加缪描述道,就像姨夫"拿出一本书"——一本关于纪德的书,让·格勒尼埃也以同样方式把加缪转到《痛苦》的轨道上来了。

加缪对读者解释说,里绍的书是第一本"向我谈论我所知道的事情"的书(*OC*, III, 881),也就是贫困的世界,作为战争遗孀的母亲,以及天空映照的夜晚的美。加缪接着暗示了文学深切的治疗功能:《痛苦》"解开了深深困惑着我的一个心结,把我从我感到的却又无法命名的窘迫情感的桎梏中解救出来"。(*OC*, III, 882) 他用一夜时间通读了全书,说

二 "真爱……窘页"

他经历了与可言表之物相关的一种新自由："我迈着犹豫的步伐走上了一片未知的国土。"阅读里绍于是就成了一次解放。既如此，《反与正》中的表达范围就依然是禁区：加缪让人想起母子间的复杂纽带，但那条纽带的重要成分依然是未受到充分重视的，也就是情感的模糊的一面。在1959年12月20日他最后一次的采访中，加缪谈到"在我内心里盲目的和本能的东西"，他认为这是基本上只对思想感兴趣的法国文学批评所忽略的一面。（*OC*，IV，661）里绍的《痛苦》清楚地说明了当父亲在第一次世界大战阵亡后，一位母亲对儿子的压迫性依恋。在里绍的书中，强烈情感的迷失近乎把母性情感性感化了。对比之下，加缪对母亲的刻画则是情感的惯常缺席。

在1937年7月8日写给朋友让·德·麦松索尔的一封信中，加缪坚持认为《反与正》并不是一部理智之作，以此回应这位朋友一直以来给予他的鼓励。他认为《反与正》是他的心和肉写的一本书。（*OC*, I, 97）情感和身体与写作的这种关系在二十年后再度得到确认，当1958年此书再版（这次是伽利玛出版社）时，他在前言中说："比起此后发表的作品，在这些令人窘迫的纸页中隐藏着更真挚的爱。"（*OC*, I, 31-32）我们看到他在前言中更多地谈到了"无言和无形"

的力量。(*OC*, IV, 1285) 在 1937 年的一则日记中,他说如果他要写一本一百页有关道德的书,那么九十九页将会是空白,"而在最后一页我会写上'我知道只有一种责任,那就是爱'"。[1]

---

[1]　*OC*, Ⅱ, 830; 转引自 Sophie Doudet, Marcelle Mahasela, Pierre-Louis Rey, Agnès Spiquel and Maurice Weyembergh, *Albert Camus: Citoyen du monde* (Paris, 2013), p. 167。

三 "这种阿尔及尔幸福"

加缪青年时期的朋友马克斯－波尔·富歇绝不是反动的殖民主义者，实际上，在20世纪50年代末的阿尔及利亚战争高潮期间，他曾反对法国军队的压迫。但在1968年的回忆录中，他承认在他这段法国－阿尔及利亚的经历中：

> 存在着阿尔及利亚和阿尔及尔的幸福，这是毋庸否认的。我不相信我是嫌疑犯，人民知道我想为阿尔及利亚做什么。但我认识到这种阿尔及尔幸福是我们记忆的一部分，是我们视为宝贵的东西。我们幸福，哪怕是可怜的青少年，尽管当时我们意识到了其他人的痛苦，意识到了给予穆斯林人的那种不公正待遇。

富歇还说，法裔阿尔及利亚人"盲目地、凶狠地、有时疯狂地"保护这种幸福。[1]

把殖民地的阿尔及尔看作游乐场,这个想法对于像纪德这样的法国都市资产阶级作家也有意义,正如我们在《大地的果实》的作者以及十几年之后的亨利·德·蒙泰朗(Henry de Montherlant)身上所看到的。蒙泰朗用骑士风度描写了20世纪20年代末他在那里度过的时光:"我对阿尔及尔的爱使公众没有读到我的十几本书,我没有写这些书是因为这座城市邀请我欣赏生活而不是用纸张潦草地把它打发掉。"[2]但是,如果局外人蒙泰朗把阿尔及尔看作是使其偏离文学写作的原因,那么,在阿尔及尔长大成人对加缪来说就是他迫切将其形付诸笔墨的一次经历。

在散文《阿尔及尔之夏》(*L'Eté à Alger*)中,他概述了这座殖民城市的生活。同时,该文提供了一个个体的自我肖像,致使这座城市的欧洲殖民者的态度有许多也变成加缪自己的了,这也没有什么奇怪的。这是1936—1937年间所写的四篇散文之一,以《婚礼集》(*Noces*)为题集成发表。如《反与正》一样,这是当时年仅二十四岁的埃德蒙·夏洛这位阿

---

[1] Max-Paul Fouchet, *Un jour, je m'en souviens* (Paris, 1968), pp. 24–25.

[2] Henry de Montherlant, *Il y a encore des paradis: Images d'Alger 1928–1931* (Algiers, 1935), p. 23.

三 "这种阿尔及尔幸福"

尔及尔出版商在1939年5月出版的。

《阿尔及尔之夏》描写的不是蒙泰朗这样的都市资产阶级漫步者的生活方式，而是城市工人阶级中的欧洲定居者。这是加缪出身于其中的人民，加缪为理解他们的精神状态提供了内部途径。他图绘了他们的言谈举止，记下了他们的直率，而这很快就会演变为激进。文章描写了一条街道，年轻人用当地卡伽尤方言说话，并由于分赃不均而发生了一次口角。其讽意浓郁的小插图使得作者能够记录下那些自吹自擂和男子气概，而那正是法属阿尔及利亚文化的组成部分。然而，在这些自吹自擂背后，他看到了弱点。在贝尔库和巴布瓦迪的工人阶级地区，人们结婚较早，他观察到，对一个三十岁的工人来说，最好的时光已经过去了。

加缪颇有感触地描写了人们以一种强化的未经检验的方式消耗生命。他评论道，在殖民地阿尔及尔，善与恶的宗教观不符合欧洲定居者，他们有着与流氓的亲缘关系。"街头法典"的基础（*OC*, I, 122），男性制定的法典，是通行的：照顾母亲、尊重妻子、关心孕妇、街头斗殴——也就是面对面地与对手公开打斗。

加缪笔下20世纪30年代的阿尔及尔奇怪地既令人羡慕又无所褒扬。居民喜欢那里的天空和通向大海的小径，但是

共和大道、安纳托尔·法朗士大道和位于阿尔及尔海滨的领事馆

城市生活几乎没有提供任何思想性的激励："对于想要学习、接受教育和变好的人，这里什么都没有。"（*OC*, I, 117）城市里的年轻人——加缪再次聚焦于欧洲居民——可以享受沙滩上的快乐，**瞭望海湾**，挑逗年轻女人。而一旦青春逝去，城市便无任何慰藉可寻。欧洲有教堂建筑和迷人风景来掩盖年老的必然性，加缪暗示说，但阿尔及尔并不提供这样的审美救赎。在贝尔库和巴布瓦迪的工人阶级酒吧里，老人漠然静坐，年轻男人吹牛自夸。

三 "这种阿尔及尔幸福"

以这种尖刻的口吻,《阿尔及尔之夏》见证了加缪早年就显示出的清晰人物刻画的审美意向。他抛弃职业思想家们的主张,以及他们那些关于肉体自由的理论。在像阿尔及尔这样的地方,他坚持认为,关于身体快乐主题的精神反思就像基督教对肉体的不信任一样每一点都无关紧要。加缪把他周围的年轻欧洲男性视为"兄弟"(*OC*, I, 120),这证明了他在文中的自我刻画。他满怀敬仰地引用一位男性朋友简朴的享乐原则,他在工厂工作,曾是少年游泳冠军,追逐漂亮的年轻女性。在城市电影院里,薄荷片携带着夫妇交换的爱的信息,这在贝尔库这样的地区常常是婚姻的基础。"而这一点,"加缪断言,"准确地描绘了这个国家的幼稚"。(*OC*, I, 121)在帕多瓦尼海滩的舞厅里,贫困地区的年轻人在消磨时光。

在关于20世纪30年代阿尔及尔日常生活的这些印象里,加缪明晃晃地聚焦于城里的欧洲人口。他意识到他关于寻求快乐的叙述实际上是一种民族学研究。在政府广场,本地阿尔及利亚人叫卖一杯杯柠檬冰饮,他们同时也在卡斯巴的摩尔式咖啡馆里工作,顾客喝茶的时候,"身体是沉默的"。(*OC*, I, 120)加缪本人就这样在《阿尔及尔之夏》中相对描写了这群寻求快乐的人。

并不是所有事情都落入马克斯-波尔·富歇的这个"阿尔及尔幸福"的模式,这也证明加缪回忆的是城里欧洲工人阶级中三十岁开外的人。他们玩木球、看电影、建立兄弟协会。他的描写几乎是实事求是的,"没有宗教,没有偶像,他们在集体生活结束时孤独地死去"。(*OC*, I, 122)加缪是在抨击布鲁大道上的基督教墓地,嘲讽对死者许下的永恒记忆的豪迈远景,以及装饰墓葬的各种俗气的饰物(粉饰灰泥做的花圈,由带翅膀的天使驾驶的一架极不相称的飞机玩具等)。然而,在他对欧裔阿尔及利亚人的回忆中却始终存留一种忠诚的残余。他承认这可能是不公正的。但他不知道——他所承认的东西是一种"疯狂的希望"(*OC*, I, 124)——贝尔库和巴布瓦迪居民生存的能力,也就是在没有神话、文学和宗教的安慰下仍然生存的能力,是否具有形成某种哲学救赎观的机制?在加缪的建构中,他们拒绝相信永恒宿命,他们决不对生命犯罪。(*OC*, I, 125)从这个意义上说,《婚礼集》不仅建构了一个集体心理机制,而且显示出加缪个人的心理和态度。

加缪提醒读者,对古希腊人来说,潘多拉盒子中的邪恶之一就是人类对希望的期待。加缪证明了这些定居者"清醒而顽固地接受了"这种非永恒的生活。在《婚礼集》的

三 "这种阿尔及尔幸福"

两次战争之间的阿尔及尔街道：米歇尔香肠

阿尔及利亚提帕萨的古罗马遗迹：壁画上的村庄

《贾米拉的风》(*The Wind at Djémila*) 中,他直言不讳道:"死亡开启另一个生命的信念,我觉得是不可接受的。"(*OC*, I, 113) 对来世生命观的这种烦躁也见于他 1934—1936 年写作的自传体小说《路易·兰雅尔》,其第三章的标题是:我们的王国是现世。[1]

那么,对于《婚礼集》的作者来说,这些定居者的非常普通的生活既是令人失望的,又给他以灵感。在沿着自己的轨道走向写作的过程中,加缪为他们的反知识论而震惊:"这个种族对精神事物不屑一顾。它崇拜……身体。"(*OC*, I, 123) 然而他仍然希望他们可能承载着人类必死的一种斯多葛精神。

1935 年夏,加缪登上一艘开往突尼斯的货轮,但是疾病迫使他放弃了这次旅行。回到阿尔及尔,他身体恢复过来,8 月末访问了提帕萨,它位于齐诺瓦(Chenoua)山脚下的阿尔及利亚海岸。这是一个古罗马遗址,此前曾是腓尼基人的贸易场所。《提帕萨的婚礼》,《婚礼集》的开篇故事,就描写了这位年轻的作家如何沉浸于这个石头垒砌的古代世界,

---

[1] 原手稿图像,见 Sophie Doudet, Marcelle Mahasela, Pierre-Louis Rey, Agnès Spiquel and Maurice Weyembergh, *Albert Camus: Citoyen du monde* (Paris, 2013), p. 182。

三 "这种阿尔及尔幸福"

直接与其构成了感性联结。在木槿花、莺尾草根、三角梅和金雀花的浓郁馨香之中,加缪感到心醉神迷。这片废墟中无处不有艾草的味道,他写道。为突出感官享受,他描写了人的身体的类肉欲快感,它就隐藏在植物的香气中,最后投入大海之中。他责备那些无视这种感官享受的人:"享受幸福并不是羞耻,……在我看来,害怕享受的人是傻瓜。"(OC, I, 108)自始至终,对这一景物的知觉和沉溺是没什么可辩解的。加缪并不是唯一记录这种唯我快乐的人。1948年9月,西蒙娜·德·波伏娃(Simone de Beauvoir)也造访提帕萨,将这次经历描写为与自然的一次脱胎换骨的接触:"呼吸太阳和丛林的亘古气味……突然间我又回到了二十岁:没有遗憾,也没有期待,只有大地、水和我的生命。"[1]

1937年夏末去托斯卡纳(Tuscany)的旅行给加缪又上了一次接受现实的课。在《婚礼集》的最后一篇文章《荒漠》(*Le Désert*)中,他对皮耶罗·德拉·弗兰切斯卡(Piero della Francesca)的升天基督的描画非常感兴趣。在基督脸上,加缪看到的不是彼岸世界,而是一种他所阐释的伟大或宏伟的生存意志,"因为这位圣人像傻瓜一样几乎毫无表

---

[1] Simone de Beauvoir, *La Force des choses* (Paris, 1963), p. 180.

情"。(*OC*, I, 136) 在这次赴意大利途中,他访问了菲耶索莱 (Fiesole) 的一座方济会的修道院。令他垂顾的同样不是去描绘超越现世的那种神圣性。加缪思考的是这里的僧人们践行一种苦行生活,为的是获得一种现世现时的更圆满的生活,并将此与阿尔及尔的帕多瓦尼海滩上那些欧洲定居者的青年人联系了起来。在他看来,把这些僧人与这些快乐的寻求者联系起来的是他们都热爱生活。关于佛罗伦萨的宗教群体,他写道:"如果他们献上了财物,那只是为了过上一种更好的生活(而不是企盼另一种生活)。"(*OC*, I, 133)

加缪能够看到将苦行主义与享乐主义相并置的隐含意义,然而,二者间的联系却使他得出这样一个结论,即他周围的世界本身就是一种向圆满生活发出的邀请。[后来,艺术家式的人物约拿 (Jonas) 将在 1957 年的一篇同名故事中得出类似的结论,这篇故事集于《流亡与王国》。] 乔托 (Giott) 对圣弗朗西斯的刻画传达了加缪所说的那种"内在微笑",用来"证明能够享受幸福之人的正确性"。(*OC*, I, 133) 在同月(1937 年 9 月)的一则手记中,加缪记录了他对阿西西的弗朗西斯的热情,"热爱自然和热爱生活的人"。(*OC*, II, 829) 于是可以说在《婚礼集》中,加缪忙于表达一种活在现世的强烈诉求。他的肺结核病和生命脆弱感赋予他迫切地

三 "这种阿尔及尔幸福"

践行那种生活的渴求和力量。

在 1939 年写于奥兰（Oran）的一篇《弥诺陶洛斯或奥兰小憩》(*Le Minotaure ou la halte d'Oran*) [1] 中，加缪回忆起位于阿尔及利亚西部的海滨城市与阿尔及尔之间的竞争。如他对这座殖民地首都的描写一样，加缪选择了奥兰的工人阶级男性作为接触当地文化的出发点，千余名男性工人涌入一个临时拳击场来消磨时光。奥兰拳击手与其对手——法国海军冠军——之间争斗的结果是平手，对于习惯于有输赢的观众来说这是极为烦恼的事。在加缪的嘲讽描写中，这一平淡无奇的结果所侮辱的是"摩尼教的感性"，虽然两位拳击手以拥抱结束，全场也报以赞同的吼声。然而，如果男性纽带是加缪描写的欧裔阿尔及利亚人的核心，那么，他的暗示既可以是讽刺的，也可以是庄严的，比如，当他描写观众内部发生打斗时，组织者当即播放了鼓舞士气的行军乐曲"桑布尔与墨兹"(*Sambre et Meuse*)。加缪以内部人和种族志研究者各半的身份呈现了欧洲殖民者的生活。在《弥诺陶》(*The Minotaur*) 中，身体暴力、男性敏感和高涨的军事热情都是欧裔阿尔及利亚人想象的重要组成部分。

---

[1] 此文辑入 1954 年发表的《夏》。

加缪强烈地意识到了殖民地阿尔及利亚的反知识环境。在《鼠疫》中，他把奥兰居民描写成只有"朴素的热情"（*OC*, II, 81），是《阿尔及尔之夏》中所用的"幼稚人民"的一个变体。（*OC*, I, 121）作为作家，他也意识到在文本建构中从直觉经验到媒介过渡的过程。"有生存的时间，也有见证生存的时间。有……创造的时间，而这不那么自然，"（*OC*, I, 109）他回忆说。在晚年，加缪会与这种"不那么自然"较劲，抱怨写作这个行当带来的孤独。

在1947年的一篇文章中，惊人的标题是《对没有过去的城镇的简短指南》（*Petit guide pour des villes sans passé*），加缪对比了欧洲与阿尔及利亚。其间他依赖司空见惯的殖民观点，即在欧洲人到来之前，阿尔及利亚几乎什么都没有。阿尔及利亚城镇没有任何审美激励，不像拥有埃尔·格列柯（El Greco）遗产的托莱多（Toledo）和许多意大利城市。他以挑逗的口吻试图说服"那些脆弱的心灵、美学家和新婚夫妇"，（*OC*, III, 593）不去访问阿尔及利亚。当巴黎人说他们想要来时，他轻佻地打消他们的念头，指出两种文化间的不同：法裔阿尔及利亚人会成为你的朋友，但他们性格外向，没有什么心声要向别人吐露，然而，对于巴黎人来说，这种源源不断的自信——用加缪半开玩笑的话说——是"灵魂的

三 "这种阿尔及尔幸福"

巨大消耗"。(*OC*, III, 594) 对比之下,他主张在阿尔及利亚的年轻人中寻找美的补偿:用他的话说就是这个国家的阿拉伯人和这个国家的定居者——一个由犹太人、希腊人、西班牙人以及来自阿尔萨斯、意大利和马耳他的人组成的"混杂的种族"——都被聚集在一起。[1]

加缪20世纪30年代的写作都是围绕阿尔及利亚的。其中,法国殖民关系的冲突史强化了他的关联感,同时也由于这种关联感而愈加焦虑。他依赖神话来强调那种忠诚。写作《海伦的流亡》(*The Exile of Helen*, 1948) 时,他认识到当尤利西斯面对不朽与祖国之间的选择时,他选择了后者,与此同时也选择了死亡。(*OC*, III, 600) 但是,选择阿尔及利亚,按他自己的界定,将扭曲他的视角。他说由于出生于这片"荒漠",他不能像来访者那样讲它的故事:"因此,我与阿尔及利亚关系悠久,而且绝不会割断,也因此不能使我完全明晰地讲述它的故事。"(*OC*, III, 594)

---

[1] 大卫·普罗查斯卡 (David Prochaska) 注意到,在20世纪初与1914年战争爆发时期之间,发生了可识别为导致欧洲定居者共同体形成的一种融合。见 Prochaska, *Making Algeria French: Colonialism in Bône, 1870-1920* (Cambridge, 1990), p. 25。

四　只有工作，没有消遣

鉴于加缪工人阶级殖民背景，他作为一个公众人物和畅销作家的进步却远不是自然而然的。早在确立自己为职业作家之前，他曾尝试过做多种事情。如我们已经看到的，他在以手工劳动为主导的文化中长大。当阿尔及尔的中产阶级地区目睹了盛夏季节大批富人和殖民贵族外出度假，"在美好的法国空气中恢复元气"时（*FM*, 200），贝尔库这样的街区却丝毫没有动静。

那里的生活主导是劳动。加缪在《第一个人》中回忆道，雇员没有带薪休假（这将随着1936年法国民族阵线的选举而改变），因此，雅克家里人都对不同种族背景的工人怀有敌意——他们会抱怨犹太人、阿拉伯人、意大利人和西班牙人抢走了他们的工作。加缪1959年写出了《第一个人》的大部分，此时，他已经公开反对共产主义很久了。因此，他挑衅性地提请人们注意家庭的敌对态度，坚持认为，无论这种态度多么违反马克思主义的无产阶级斗争理论,必须在产生这种情绪的经济不安全的背景下理解不同种族工人的怨恨。(*FM*, 200)

贝尔库的家里缺钱,作为中学生,加缪有义务在暑假找工作。《第一个人》图绘了一个少年开始进入有薪工作世界的过程。他的外祖母,出生于19世纪中叶,从未上过学。她本人从孩提时起就参加了工作,因此不明白她的外孙子为什么每年有三个月的时间无所事事。然而,找到一个临时工作的机会几乎等于零,所以,他十三岁时,外祖母带他去了码头附近的阿加(Agha)地区的一个五金店。外祖母声称她外孙子因为没钱要辍学了,于是他被雇用了,每天工作八小时,每月工资一百五十法郎。(多年以后,加缪作为《鼠疫》的作者成名后,这份工作出人意料地登上了报纸头条,一家意大利报纸这样写道:"《鼠疫》之前,他卖门闩。"[1]

那年暑假结束时,学校也要开学了,真相也该暴露了,老板气得发疯,而加缪则羞得满脸泪水。在对那次羞辱的深切而矛盾的回忆中,加缪写道:

---

[1] Roger Grenier, ed., *Album Camus* (Paris, 1982), p. 182.

四 只有工作，没有消遣

> 为了不休假而撒谎，为了远离他如此热爱的夏日天空和大海而撒谎，为了再度回到中学学习而撒谎——这种不公平令他极度不安。(*FM*, 213)

同时，家里入不敷出的日子也说明了这个少年想要为家里赚钱的那种心情。

加缪打心眼儿里反感令人麻木的组织性很强的劳动。在《第一个人》中，他回忆说在漫长的一天结束时看到人们回家，这对他来说意味着工作艰难，而生命短暂。此前，"他只知道贫穷的富有和快乐"。(*FM*, 210)这些体会帮助他构成了他的自由主义视角，这将成为加缪的标志。年轻时利用暑假工作，老板们都以为他是长期工，所以他认为他为"每个暑假都撒谎的痛苦做出了牺牲"。(*FM*, 213)后来，在20世纪50年代，他的作品引起了政治争议，写作本身对于幻灭的加缪来说就成了一种异化劳动。

然而，1955年5月《快报》(*L'Express*)上出现一则短篇报道，颇有深意地区分了两种不同形式的工作。在注意到当时以男性为中心的语言的同时，我们发现加缪也在赞美创造性的集体努力：

> 我知道我从未感到高兴，也没有安宁，除非致力于一种值得信仰的手艺，我能热爱使人们进步的工作。我也知道在这方面，许多人和我一样。不工作，生命会朽烂。但在繁重的苦役之下，生命也将被窒息、枯萎。（*OC*, III, 1016）

对少年加缪来说，办公室的日常工作，关于买卖的详细记录，都不过是"庸俗"之举。他只能将其与舅舅艾蒂安工作过的、他小时候去过的那家小工厂加以对比。那是制造酒桶的一家小工厂。他在《第一个人》中写道，那种工作"需要长时间的体力消耗，一整套准确的技术动作，双手要迅速有力——你看到你的劳动结束：一只新桶，完成得不错……工人可以思考"。（*FM*, 208）加缪警惕地诉诸熟练的手工技术和做工的人，他作为工艺制造者，这对于他是值得庆祝的。

少年时代从事的暑期工作之一是在阿尔及尔船行的办公室里工作，以（因为贫穷）辍学为借口。作家加缪把这个角色分配给了《局外人》中的莫尔索（Meursault）。莫尔索在城里跑东跑西，比如去邮局，这是他从枯燥的办公室里走出来的方法之一。

四　只有工作，没有消遣

在船行的生活也给他增添了新的经验，如果我们接受《第一个人》中的叙述的话。当雅克·科尔梅里无意中看到一个女职员的两腿之间的时候，一种神秘感油然而生，叙述者告诉读者，这在他后来成年生活中的多次性爱接触中从未能驱除过。

船行面向海滨大道，所以，在船行工作也意味着经常到附近停泊的船上去。20世纪最初几十年，阿尔及尔港口飞速发展，实际上在帝国时代那里被称为"大法兰西"，或"更大的法兰西"。它将是全国的主要港口之一。年轻的加缪生

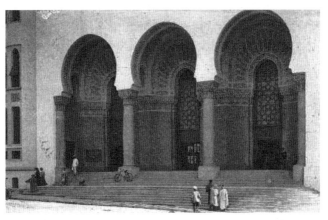

阿尔及尔的邮局饭店。加缪在《第一个人》中描写了这座代表殖民地奢侈和雄心的建筑：邮局本身巨大的圆形大厅有三扇大门，灯光从三个炮塔流泻而出

阿尔及尔邮局饭店
内部

于这个殖民商业扩张的世界。作为船行雇员,他喜欢硕大的港口,登上外国船只,为顾客翻译文件。他能近距离看到码头工人把衣服脱到腰部,背着水泥和煤袋子上岸,在炎热中快步穿梭于码头与货船之间,甚至熔化的沥青路面。而他内心里的那个感性论者和梦想者闻到了挪威船只的木头的芳香,达喀尔和巴西船只的浓郁的咖啡香,以及在阿尔及尔海岸进港的海滨货轮的酒香。

四 只有工作,没有消遣

如对应的虚构人物雅克·科尔梅里,少年加缪为船员们拥挤的船上住宿所吸引,更喜欢他们的生活条件而不喜欢资产阶级的奢侈。他也为船员们奇怪的面目特征所陶醉,那是反映孤独生活的面孔[难怪他是梅尔维尔(Melville)《白鲸》(*Moby Dick*)的热心读者呢]。但到暑假结束时,由于连续数周在炎热的港口工作,这位中学生变得更加消瘦和疲乏,已准备好再次回到每天二十四小时的中学生活中去了。

这种临时工作使加缪更加看清了传统的雇工制度以及这种制度导致的社会的因循守旧。二十岁刚过,他就会尝试做

阿尔及尔繁忙的港口,加缪可能在中学时代就很了解,他曾在这里的一个船行工作过一个暑期

不同的工作,比如 1934 年做临时辅导老师,同年夏天则在位于市政厅里面的驾照办理处工作。无论在五金店,或在码头处理文件,或其他杂工,加缪都同时沉浸于当时殖民地的物质文化。我们常常在他的小说中看到从事日常乏味工作的主人公们。《局外人》中的莫尔索熟悉办公室工作的乏味,所以每天午饭后总是要扒上在码头轰鸣而过的大卡车(*OC*, I, 155);在《鼠疫》中,单调的记录工作只有在拉响紧急警报的时候才能得以释放;而在《沉默的人们》(出自《流放与

面向阿尔及尔海滩的
市政厅前廊

王国》）中，艰苦的手工劳动只能使异化的工人以与故事同名的方式得到释放。在1942年出版的哲学文章《西西弗神话》（*Le Mythe de Sisyphe*）中，加缪利用了神对西西弗的惩罚，即他必须不断地把一块石头推到山顶。然而，加缪显然想让他的主人公在繁重的体力劳动过后再回到山下，尽享那些头脑清晰和沉思的时刻："西西弗是屈服于神的无产阶级，无能却又具有反叛精神，完全了解他自己的苦难环境。他只在下山时才集中精力思想。"（*OC*, I, 302–303）

五 一个美丽的职业

> 我的身体要求（我写作）。
>
> ——加缪的主人公帕特里斯·梅尔索
> （Patrice Mersault）
> 摘自《幸福的死亡》（*A Happy Death*）
> （*OC*, II, 811）

不必说加缪自己的病体，这些由体力消耗而得出的生命教训给予他动力和迫切感去做他想做的事，而在 20 世纪 30 年代，他积极投入政治和文化事业。在让·格勒尼埃和克劳德·德·弗雷曼维尔（Claude de Fréminville）的鼓励下，他于 1935 年加入了阿尔及利亚共产党。1936 年，他代表党参加了阿姆斯特丹－普勒耶（Amsterdam-Pleyel）反法西斯运动，马克斯－波尔·富歇是年轻的社会主义代表。但是，由于抱怨共产党对梅萨利·哈吉（Messali Hadj）的阿尔及利亚民族组织——北非之星——持有敌意,他被谴责为托洛茨基分子,不久就退党了。[1]

加缪多才多艺,并有动力。加入了阿尔及利亚共产党后,他投身于阿尔及尔当地的文化活动,于1935年秋帮助组织了一个业余剧团,即劳动剧团,和一个文化园地。1936年11月,他与阿尔及尔电台合作开展戏剧工作。如二十年后他在《巴黎戏剧》(*Paris-Théâtre*)的一次采访中所说,就戏剧而言,那时阿尔及尔还是一片荒漠。(*OC*, IV, 577) 和劳动剧团的伊夫·布儒瓦(Yves Bourgeois)、阿尔弗雷德·普瓦尼昂(Alfred Poignant)、让娜-波勒·西卡尔(Jeanne-Paule Sicard)等朋友一起,加缪合作编写了《阿斯图里亚斯起义》(*Révolte dans les Asturies*)。该剧描写了1934年西班牙西北部的矿工奋起反抗政权压迫的事件。但在一场政治活动中,站在右翼一边的阿尔及尔市长奥古斯丁·罗吉斯(Augustin Rozis)在1936年4月禁止演员们去剧院演出,也就是说虽然出版商埃德蒙·夏洛少量发行了该剧本,但该剧并没有上演过。不过,该剧团却成功地改编了马尔罗、高尔基、埃斯

---

[1] Christiane Achour, *Un Etranger si familier: Lecture du récit d'Albert Camus* (Algiers, 1984), p. 44.

库罗斯、普希金和本·琼森的作品。1937年10月,剧团并入了新剧团"团队剧团",翌年5月上演了陀思妥耶夫斯基的《卡拉马佐夫兄弟》(*The Brothers Karamazov*),加缪饰演伊万(Ivan)。

加缪始终强烈地意识到对他来说什么是最发自内心的写作。1936年,在《幸福的死亡》的备写笔记中,他让帕特里斯·梅尔索这个人物表达了这样的想法:"我必须写,就像我必须游泳一样,因为我的身体需要它。"(*OC*, II, 811)1937年9月,加缪拒绝了在奥兰的西迪贝勒-阿巴斯的一份教学工作,理由是他担心这份工作会太琐碎。他在阿尔及尔气象学院找了一份临时工作,从1937年11月到次年9月。[1] 1939年他谢绝了另一份教学工作,这次是阿尔及尔郊区的布扎勒阿中学的拉丁语教师职位。

与此同时,加缪在推进他的文学计划。在1937年8月的笔记中,他提到了后来将写入《局外人》的东西,也就是想要按部就班通过结婚、找工作而正常生活的人,后来他认识到他的阅读书目中所描述的那种生活并不是他想要的。(*OC*, II, 824)1938年他完成了《婚礼集》,并开始准备《卡

---

[1] 见 Pierre-Louis Rey, 'Chronologie', *OC*, Ⅰ, LXXVI。

利古拉》(*Caligula*)和《局外人》的写作。

后来他曾说新闻业"是我所知的最美丽的职业之一",这也是让加缪实现写作欲望的另一个平台。[1]这是除戏剧之外的另一种吸引力,使他加入写作并物质地生产印刷文字的群体中来。与在戏剧界一样,为报纸写作给他一种集体参与的感觉,这股来自共同努力的力量也使他振奋起来。

进入新闻界的道路是帕斯卡尔·皮亚(Pascal Pia)铺平的。皮亚在法国加入新闻队伍,是阿尔及尔一份新报纸的主编,这是对左翼人民阵线报以同情的报纸,该人民阵线于1936年5月法国大选时获胜。《阿尔及尔共和报》(*Alger républicain*)于1938年10月6日开始发行,是一份发行量很小的报纸,由左翼欧裔阿尔及利亚股东赞助,他们当中有许多是公务员和艺术家,都反对法西斯的兴起。一年以后,由于战争爆发,纸张短缺,皮亚决定将报纸改版为两页,易名为《共和晚报》(*Le Soir Républicain*),很快就受到战时审查,1940年1月被阿尔及利亚政府关闭。

1938年10月,《阿尔及尔共和报》第一次发行。其主

---

[1] 加缪的评论登在杂志《卡利班》上,LIV(1951年8月);编者按中对此有提及。Albert Camus and Louis Guilloux, *Correspondance, 1945-1959*, ed. Agnès Spiquel-Courdille (Paris, 2013),p. 159。

五 一个美丽的职业

旨是要真实民主地反映阿尔及尔的城市生活。"从贝尔库到巴布瓦迪,"记者吕西安娜·让-达鲁伊(Lucienne Jean-Darrouy)写道,"我们将以相同的注意力聆听人民的声音和事件;我们将探讨城里最卑贱的街道和最肮脏的角落,努力理解人民所受羞辱或不幸的根源……我们将探讨日常生活,反映这个国家亏欠其居民的债,无论是穆斯林人还是基督徒。"[1]

为了节省开支,帕斯卡尔·皮亚想录用年轻、廉价、有才能的雇员。他雇用了加缪做编辑,并让他负责文学专栏"读书屋"。加缪通过此角色磨练他对当代文学的敏锐观察,在所评论的作品中,有萨特的《恶心》(*La Nausée*, 1938),亨利·德·蒙泰朗的《九月的秋分》(*L'Equinoxe de septembre*, 1939),以及伊尼亚齐奥·西洛内(Ignazio Silone)的一部法文译著《面包与酒》(*Le Pain et le Vin*, 1939)。1939年9月14日,加缪开始评论路易·吉尤的《民宅》系列,这是他在中学时代格勒尼埃就让他读的小说之一。但是书中含有关于工人阶级团结以及国际社会主义的描述,因此

---

[1] Jacqueline Lévi-Valensi and André Abbou, eds, *Fragments d'un combat 1938–1940: Alger Républicain/Le Soir Républicain* (Paris, 1978), p. 45.

不久就引起了审查者的注意，五天后，该系列被禁止。报纸上留下一大块空白，并登载一条消息说该系列很快就会恢复。

对加缪来说，阅读吉尤小说所学到的东西之一，用发动社会正义运动的主人公修鞋匠的话来说，是"人们无法阻止思想的流动"。[1] 当然，加缪为《阿尔及尔共和报》的工作并不缺少活动的能量。和他的许多同事一样，他是这个领域里的新手，但他并不害怕挑战既得利益者的权力。他很快就找到了基点，常常使用强烈的一种道德口吻。他批评了阿尔及尔市长奥古斯丁·罗吉斯，因为当布朗夏尔街煤气爆炸时他没有能保护市民的生命。

加缪也同样坚持不懈地报道法庭的工作，成功地保护了一名州政府雇员米歇尔·霍登（Michel Hodent），霍登被错误地指控在处理阿尔及利亚土产小麦的事务中中饱私囊。加缪的报道风格令人想起左拉在德雷富斯（Dreyfus）事件发生时的"我控诉"（'J'accuse'），1939 年 1 月 10 日加缪给总督寄了一封信，抗议监禁霍登的非正义行为。抗议成功了。多年以后，1960 年 1 月听到加缪突然逝世的消息，霍登在撒

---

[1] Louis Guilloux, *La Maison du peuple suivi de Compagnons* (Paris, 1953), p. 57.

五 一个美丽的职业

哈拉的瓦尔格拉写信给加缪的遗孀弗朗辛（Francine），传达他始终不忘的感激之情："我的一切都是他给的……什么都没有忘记。"[1] 霍登事件表明，殖民地富有的土地拥有者有占用本地农民土地的力量。但加缪已经了解了20世纪30年代殖民地阿尔及利亚的反动政治，曾目睹了合作编导的《阿斯图里亚斯起义》于1936年被市长禁演。

他为《阿尔及尔共和报》撰写的文章为他后来称作对非正义的"几乎天然地不容忍"提供了最早证据。[2] 1938年12月1日，一艘大狱船"拉马蒂尼埃"号停在了阿尔及尔港口。加缪来到船上，和卫兵说了几句话，就听到船舱里传来一个声音，"不像是人类的呼吸声"。他看到那就是"被社会贬抑之人的所在"。（*OC*, I, 586）这是一伙新来的罪犯，在阿尔及尔上船引渡到一个流放地的。加缪提请读者注意的是"人被从人性中抹去"的那种非人道贬抑。加缪对刚上船的终身监禁者表示同情，提出抗议说："今天，他们来到属于他们自己的这片土地的边缘，距离海水只有几英尺。"（*OC*, I, 587）对于已经被监禁在船舱内的人，年轻的记者承认在他们与他

---

[1] 见 Lévi-Valensi and Abbou, eds, *Fragments d'un combat*, p. 542。

[2] 转引自 Michel Onfray, *L'Ordre libertaire: La vie philosophique d'Albert Camus* (Paris, 2012), p. 29。

自己生活的世界之间看不到任何相似之处。加缪总结说，他怀着怜悯的心情："看到人们被贬抑到低于人类生存状况的水平，没有比这更凄惨的了。"(OC, I, 588) 这一论战式的报道表明加缪对当时刑罚制度的态度，预示了第二次世界大战后他对死刑惩罚的极力反对。

考虑到伴随着法国后来在阿尔及利亚失去宗主权的那种相互指责的气氛，以及加缪作为公众人物将遭受的那种严格审查，他在1939年就阿尔及利亚东部卡比利亚（Kabylia）地区的社会经济状况的报道值得我们认真对待。《卡比利亚的荒芜》(*Misère de la Kabylie*) 一文就是1939年饥荒发生时去那里采访的结果。影响到本地居民生活的饥荒在20世纪30年代的阿尔及利亚经常发生，尽管阿尔及尔新闻业并不专门报道此事。[1] 1937年，加缪的导师让·格勒尼埃也为《新法国杂志》(*Nouvelle Revue française*) 写过阿尔及利亚原住民的普遍饥饿，但其篇幅的短小和减小的字号——格勒尼埃是在一个自我满足的殖民主义者与一个欧裔怀疑论者之间建构一个想象的对话——显然反映了当时的大都市读者对

---

[1] 转引自 Patrick McCarthy, *Camus* (New York, 1982), p. 50。

五 一个美丽的职业

阿尔及利亚事务的关怀度很低。[1] 1939年6月5—15日,加缪在《阿尔及尔共和报》上发表十一篇文章,其中七篇集于《阿尔及利亚编年史:现状之三》(*Actuelles III Chroniques algériennes*),这部书汇集了1939—1958年这二十年间他对阿尔及利亚问题的关注。[2]

加缪报道了影响儿童发育的营养不良以及卡比利亚普遍的极度贫穷。在贝尼-斯利姆(Beni-Sliem)的部落村庄里,他写道,有百分之九十六的人口处于饥饿之中(*OC*, IV, 313)。他举例说,在伊瑟尔(Issers)地区,曾支持梅萨利·哈吉领导的温和的阿尔及利亚人民党(PPA, Parti Populaire Algérien)的人得不到粮食援助。(*OC*, IV, 314)加缪接着坚持认为卡比利亚实行的是一种奴隶制。(*OC*, IV, 316)他对这种环境示以道德的愤怒,那些参与制订延缓饥饿计划的人还要被迫交税,使他们也受困于饥荒。这种做法就是"对人类苦难的一种难以容忍的剥削"。(*OC*, IV, 315)在报道该地区

---

[1] Jean Grenier, 'Ils ont faim' (They are hungry), *Nouvelle Revue française*, CCXCI (1 December 1937), p. 1040.

[2] Actuelles这个术语很难简明地翻译过来,指现实但又很有意义的事。见 Camus, *Resistance, Rebellion, and Death*, trans. Justin O'Brien (London, 1961), translator's note, p. Ⅶ。

的贫困程度时，他说解决的方法不是救济，而是"一种建设性的社会政治"。(*OC*, IV, 314)

加缪对当时法国第三共和国总统阿尔贝·勒布伦（Albert Lebrun）等政治家的家长式作风表示蔑视，他们强调卡比尔人（kabyles，指居住在阿尔及利亚的柏柏尔人——编辑注）的足智多谋和头脑清醒，以此弱化了局势的严重性。实际情况是，加缪反驳说，在经济上卡比尔人比欧裔阿尔及利亚人要落后三百年。他提到了他调查的奴隶工资，"那令人作呕的盘点"（*OC*, IV, 318），以及"一个卑鄙的逻辑"（*OC*, IV, 319），饥饿的工人由于体质下降而得到的报酬越来越少。他以同样的口吻写道：在急需食品的时候，殖民当权者主要关心的却是给第一次世界大战期间为法国卖命的阿尔及利亚人颁发勋章。

无论从什么标准来看，加缪关于1939年夏卡比利亚生存状况的报道说明他对殖民受害者之困境的深度参与。在最后反思他的角色之前，他把介入的领域扩展到教育、经济和政治发展。他估计到殖民者们对这次报道的接受情况，因此强调呼吁改革并不意味着不忠实于法国。与所预料的一样，右翼报纸《阿尔及利亚电讯报》（*La Dépêche algérienne*）没有刊登他的报道，反而大书特书法国在卡比

五 一个美丽的职业

利亚的殖民成就。

在加缪写出《卡比利亚的贫困》(*Destitution in Kabylia*)时，法国对这个国家的统治已经呈现霸权的局势，尽管20世纪30年代发生了穆斯林人的骚乱。1937年3月梅萨利·哈吉的阿尔及利亚人民党号召"既不同化也不分离，但要解放"。同年7月14日，阿尔及利亚人民党在阿尔及尔市大街上游行，要求土地自由，建立阿尔及利亚议会，尊重伊斯兰教。[1]

加缪从来没有挑战过法国在阿尔及利亚存在的理由，但呼吁进行重要的经济和政治改革。加入共产党之后，他担当了发展与阿尔及利亚原住民关系的角色。由于对当地文化了解甚少，不会讲柏柏尔语和阿拉伯方言，因此他并没有为此做好特殊准备，但当阿尔及利亚共产党放弃与殖民主义政治的对抗时，他于1937年9月退出共产党以示抗议。那年年初，法国的人民阵线政府试图在阿尔及利亚实行温和改革，即所谓的布卢姆-维奥莱特（Blum-Viollette）计划（该计划是要给大约两万阿尔及利亚本地精英授以选举权；而当时阿尔及利亚全国的穆斯林人口已达六百万）。加缪积极支持布

---

[1] Achour, *Un Stranger si familier*, p. 46.

卢姆-维奥莱特计划的发起,但这项计划无疑遭到了梅萨利·哈吉和其他阿尔及利亚民族主义者的反对,他们认为这项计划会使得阿尔及利亚穆斯林人产生分裂。至于这个国家的欧洲人口,绝大多数敌视任何改革,当1938年3月该项提案最终要在巴黎通过最后表决时,三百二十名阿尔及利亚市长集体辞职,以示抗议,致使这些建议被撤回。[1]

如果《卡比利亚的贫困》所描述的社会剥削并不代表殖民地阿尔及利亚的一种特殊情况,而是反映了殖民剥削在阿尔及利亚乡村的更广泛流行,那么,加缪的介入就需要在反动的殖民主义政治的持续背景下来理解。[2]就其表现性来说,加缪犀利的报道含有很多事实和数据,但也有一些修辞的渲染。他认为,他唤起了卡比尔人与生俱来的工作和沉思的天性,因此他们有很多要教给"这些焦虑的征服者,我们是谁"。(*OC*, IV, 336)加缪反映的是欧洲定居者中少数自由派的立场,尽管我们注意到他笨拙的措辞"焦虑的征服者"已经触及一种潜意识的恐惧,那是殖民心态的组成部分。

批评家们反对说,作者的虚构作品反映了一种文化短

---

[1] Julian Jackson, *The Popular Front in France: Defending Democracy, 1934–1938* (Cambridge, 1988), p. 156.

[2] 见 McCarthy, *Camus*, p. 50。

五 一个美丽的职业

视。在早期文集《婚礼集》中,阿尔及利亚风景的美常常把本地居民排除在外(提帕萨和贾米拉风景奇异但当地居民却显然缺席)。但在《卡比利亚的贫困》中,加缪已经认识到文化盲目的危害。他意识到,一个年轻的记者高高地坐在提济乌祖(Tizi-Ouzou)城里,那里的居民受冻挨饿,这样,被卡比利亚的自然美所吸引就等于无视身边的人类痛苦。(*OC*, IV, 311)在他的提醒中,我们看到了加缪的警惕性。实际上,他的新闻报道与同时期的虚构作品不同,直接讨论的是殖民地阿尔及利亚的社会正义问题。多年以后,在对加缪的纪念文章中,卡比利亚作家穆卢德·菲拉乌恩(Mouloud Feraoun)特别提到了《卡比利亚的贫困》中有一个时刻,加缪提到了卡比利亚夜色的美,但注意到附近饥饿难挨的人们就欲言又止。"贫困不仅仅是纯粹的措辞,"加缪警惕地说,"它阻止我们以任何形式谈论世界的美"。(*OC*, IV, 311) [1]

据菲拉乌恩的回忆,加缪在写这些句子的时候既年轻又贫穷,他还说,在殖民地时期的阿尔及利亚,加缪为他的坦诚付出了代价。当阿尔及尔的右翼权威于 1940 年 1 月关闭

---

[1] Mouloud Feraoun, 'Le Dernier Message', *Preuves* (April 1960), reproduced in Feraoun, *L'Anniversaire* (Paris, 1972), pp. 45–52 (p. 49).

了《共和晚报》,加缪发现自己被边缘化了。作为左翼年轻的活动家,他曝光了殖民地错误统治下的经济后果,成了不受欢迎的人。1939年9月战争爆发时,他由于身体原因未能参军。他依然迫切需要发展自己的作家职业。在奥兰的短暂逗留期间,他曾为私人教授哲学,并与弗朗辛·富尔约会,这是他在1937年秋认识的一位年轻的数学教师。1940年3月,他离开阿尔及尔去往巴黎。

六 两个局外人的故事

离开阿尔及利亚之后,对年轻的加缪来说,找一份工作是他迈出的一大步。他曾在几年前来过首都,热情地说起过那年夏天的印象:"1937年8月:巴黎的温柔和情感。猫、儿童和人们的休闲方式。灰色、天空、石头和水的炫耀。"(*OC*, II, 823) 1940年3月则是另一种说法。后来,在1958年为《反与正》撰写的前言中,他回忆起第一次目睹法国工业城市中工人阶级地区时产生的恐惧,还说人只能由于看到这些状况而感到渺小,并为其负责。在公开表达情感的文章中,他表示,童年经历的贫困从来都不是不快乐的来源。"我被放在了贫穷与太阳之间,"他写道。结果,贫穷使他不能认为世界上的一切都很好,而阳光却给他上了另一课,即"历史并不就是一切"。(*OC*, I, 32)

在1958年的前言中,加缪针对的是一种历史主义世界观,此世界观在当时法国的左翼知识分子中影响很大。他明白，否认历史唯物主义将是不合时宜的，但他还是提出了一个反论，即气候和自然环境能够传染自己的不公正。他讽刺地坦言他会挑起左翼评论者的愤怒——"我们那些疯狂的慈善家们"（*OC*, I, 33），他这样称呼那些知识分子——并似乎提出一个观点：他怜悯被剥夺了阳光的中产阶级，而南方的工人阶级又是多么幸运！他强调他的用意并不是排除唯物主义历史观，而是要说明，工人阶级贫穷，并生活在法国丑陋的工业郊区，这代表着一种"双重侮辱"。（*OC*, I, 33）甚至生活在另一片天空下的阿拉伯人的极度贫困，他极具挑战性地论证说，也无法与北方工业郊区的恶化相比拟。（*OC*, I, 33）

1940年3月加缪来到巴黎时，给他印象最深的是这座城市的灰色。时值"非实战状态"，即德国军队于5月迅速攻占法国北部地区之前的停战时期。他孑然一身，最初几个星期是在蒙马特（Montmartre）的一间出租房里度过的。在阿尔及尔，他曾是一个唐璜式的人物。他也曾是一个年轻的文化团体的核心，组织参加戏剧表演，从事新闻和小说写作，也就是说他也算是个城市名人了。

为了去巴黎，过去的老板《阿尔及尔共和报》的帕斯卡尔·皮亚曾努力为他在一家流行的日报《巴黎晚报》（*Paris-Soir*）找到一份工作，尽管日常工作可以说就是编辑助理，负责每页报纸的版面设置。加缪是在一个星期六到达首都的,星期日就开始工作了。这显然是从他所喜欢的《阿尔及尔共和报》所负责任的一次下滑。此外,《巴黎晚报》的民粹主义风格意味着他要揭露他所说的"伤感和风景"文化之下的城市惨状。(*OC*, II, 913)

如他的一则则日记所示,加缪产生了被驱逐感:从蒙马特看去,下面的整座城市像在连绵不断的雨中漂游的一个巨大浮标。一位女子从楼上跳到下面的院子里身亡。餐馆里他遇到来自艾克斯特莱马杜拉(Extremadura)的一位农民逃难者,西班牙内战期间,这位逃难者曾经参加过共和军,后来加入了法国军队。在这座城市度过的仅仅一个短暂的时期里,这位不会说一句法语的士兵就已怀念起人类的温暖。加缪把所有这些绝望和渴望的荒凉意象兼收并蓄。(*OC*, II, 908–911)在对《笔记》的手写修改中,他将低调处理对巴黎生活的悲观主义叙述,删掉了下面这行文字:"这座城市是可怕的食人者。"[1]

日记中的平凡语气反映了他最著名的文本之一《局外人》

---

[1] 转引自 Sophie Doudet, Marcelle Mahasela, Pierre-Louis Rey, Agnès Spiquel and Maurice Weyembergh, *Albert Camus: Citoyen du monde* (Paris, 2013), p. 122。

的风格,这是他1937年就动笔的一部著作。在1939年7月写给克里斯蒂亚娜·加林多(Christiane Galindo)的一封信中,他表示有几项工作在进行:描写卡利古拉(Caligula)皇帝的一出戏(1945年9月末该戏终于在巴黎上演),小说《局外人》,以及散文《西西弗神话》,这散文是题献给帕斯卡尔·皮亚的。这三部作品加在一起构成了"我不再惧怕称其为我的创作"的第一个时期。[1] 加缪称之为荒诞时期。

在《巴黎晚报》的工作中单调的日常生活就这样被他目前最专心的事情充实了,这就是写作。荒诞将成为他的标识,而这个标识在他的写作生涯实际上已经转入新的方向之后很久还在持续着。如他在《西西弗神话》中所解释的,荒诞涉及人对自身必死性的意识与对人类痛苦依然全然陌生和冷淡的世界之间的对峙。讨论死亡绝不是加缪抽象的学术话题,尽管他对严重疾病一点都不陌生。在人对生命的依附中,他看到了一种基本本能。"对身体的判断等价于对心灵的判断,"他抗辩说,"而身体则从虚无中撤离出来"。(*OC*, I, 224)他沉思道,如果他"是森林中的一棵树,动物中的一只猫",他就不会意识到与荒诞一起到来的异化,"即在世界

---

[1] 转引自 Olivier Todd, *Albert Camus: une vie* (Paris, 1996), p. 221。

与我的心灵之间的破裂。"(*OC*, I, 254)《局外人》将对这种破裂进行戏剧化描写。

早在1938年10月在《阿尔及尔共和报》上评论萨特小说《恶心》中的生存孤独时,加缪就提出了一个粗略建议,认为"一部小说如果不是用意象表达的哲学就什么都不是"。(*OC*, I, 794)大约在同时,他也读过萨特在《新法国杂志》上就美国当代小说家威廉·福克纳(William Faulkner)和约翰·多斯·帕索斯(John Dos Passos)在作品中直接切近日常生活的评论。似乎为了响应这一点,《局外人》常被称道的第一句话——"我母亲今天死了"[1]——一下子把读者抛入一个消除戒心(disarmingly)的现实世界,宣告了三个死亡中的第一个。第二个死亡,即主人公莫尔索在小说第一部分结尾时在海滩枪杀的阿拉伯人,这为第三个死亡铺平了道路,即故事接近尾声时即将对莫尔索的施刑。加缪就这样把两个故事捏在了一起:一个故事讲述儿子据称对年迈母亲的困境置若罔闻;另一个则是关于杀人的故事,社会以送上断头台的形式对凶手施以报复。

一年多来,加缪一直反复琢磨可以纳入小说的诸多

---

[1] Camus, *The Outsider*, trans. Sandra Smith (London, 2012), p. 3.

线索，但小说的主要章节很快就写完了，即在他到达巴黎的1940年3月与同年5月初之间，他告诉远在奥兰的弗朗辛·富尔他已经完成了小说的手稿。

20世纪30年代他的写作主题，尤其是在《阿尔及尔之夏》和《反与正》中，提供了一条路径：阿尔及尔殖民者社区的狭隘眼界，母子之间谜一般的沉默，使年老一代孤独的代沟，以及由男性冒险和进攻为标志的一种街头文化。这后一种因素在《局外人》中极为明显，痛恨女人者雷蒙·桑特（Raymond Sintès）在接受警察审问时叼着烟卷，被警察扇了耳光，正是他一步步把莫尔索引入暴力的旋梯，导致他在海滩上杀死了一个北非人。对男子文化的这种描写即是《局外人》的重要组成部分，同时也是对国家诉诸断头台暴力的惩罚行为报以发自内心的抗议。

成为伽利玛永久畅销平装书并被译成五十多种语言的一部小说何以被付梓印刷，这本身就是一个有价值的故事。帕斯卡尔·皮亚是这部作品得以被接受的关键。1941年3月末他给当时正在奥兰的加缪写信，让加缪将手稿寄给他。皮亚对他所读到的手稿持毫无保留的肯定态度，并亲自将其寄给了小说家安德烈·马尔罗（André Malraux），当时的一位举足轻重的人物。马尔罗提出了无数风格上的改进建议，加缪

六　两个局外人的故事

听取了这些建议，同时也打消了他的导师让·格勒尼埃的疑虑，格勒尼埃感到小说中有一些卡夫卡的印记，会成为不利因素。加缪很好地扮演了一个恭敬的学徒角色，他回师父的话，说他小说中的人物和情节或许比卡夫卡的作品更牢固地建基具体的日常生活之中。

颇具讽刺意味的是，这部未来畅销书的作者始终为自疑所困。加缪迫切地想要从格勒尼埃那里得知他为成为作家而付出那些努力是否值得。早在1938年6月，通常对这些问题相当谨慎的加缪就写信给格勒尼埃，问："您真的认为我应该继续写作吗？我自己对这个问题充满了焦虑。"加缪为自己的直率感到难堪。如前所述，他在气质上与"无声的和无形的东西"在一起会感到自在。（*OC*, IV, 1285）然而，如他向格勒尼埃所解释的，两年多来他一直独自反复思考这些疑问。他强调说他所寻求的不是一种专门职业的好处："我一生中并没有那么多纯粹的事。但写作是其中之一。"[1] 到1941年11月，格勒尼埃传来了好消息：伽利玛同意出版《局外人》。1942年5月第一版印了4400册，六个月和十二个月

---

[1]　Albert Camus and Jean Grenier, *Correspondance, 1932–1960*, ed. Marguerite Dobrenn (Paris, 1981), p. 29.

后又有两次相同册数的印刷。

《局外人》中渗透着一些自传因素。加缪在船运公司办公室里的工作就是其中之一。在较为阴郁的层面上,莫尔索对死刑惩罚发自内心的抗议促发了回忆,即多年前父亲由于亲眼见到死刑而在回家后病倒了。身体被电击的意象借鉴了加缪父亲的经历,即在阿尔及尔的巴博鲁斯监狱为实行正义而施行的一次公开处决,结果却令人恶心不止。加缪对父亲并无多少了解,但其父亲对这次公开处决的无法抹去的回忆却是他所了解的父亲点滴生活中最清晰的一点。难怪吕西安·加缪对断头台的厌恶成了加缪 1957 年发表的《关于断头台的思考》(*Réflexions sur la guillotine*)一文的开头。在加缪的小说中,狱中的莫尔索为断头台冷冰冰的机械装置所苦恼,这也解释了加缪在《西西弗神话》中所说的"整顿我们人类状况的那些血腥机械"究竟指的是什么了。(*OC*, I, 230)

在加缪看来,生活与虚构之间的界限是多孔的。20 世纪 50 年代,他积极投入反对死刑的运动中,在西班牙、突尼斯、希腊、匈牙利、伊朗和越南的许多案件中提出了仁慈的申辩。在阿尔及利亚战争期间,当法国政府广泛应用死刑惩治阿尔及利亚叛逆者时,加缪以个人名义提出约一百五十

六　两个局外人的故事

次要求仁慈的申辩。[1]

《局外人》是加缪的第一部小说。先前有一部小说没有完成，即《幸福的死亡》，1971年才发表。小说描写年轻的主人公帕特里斯·梅尔索追求幸福的故事，但与《局外人》相比，《幸福的死亡》缺乏把叙述径直推向戏剧化高潮的紧密聚焦。

十八九岁时热衷于阅读吉尤的《民宅》，加缪在那部小说的构思风格上发现了一种低调陈述的原则。他在1938年的笔记中记录道："真正的艺术品是简言的作品。"《局外人》就是这一原则的实践。其沉默的、常常平淡的格调与莫尔索低调的性格相合。小说以减缩的言辞记录了一系列事件，几乎没有刻意给这些事件建立合理的框架。[2]

在1943年7月发表于以里昂为基地的一份杂志即《汇流》（*Confluences*）上的一篇短文《智力与脚手架》（*L'Intelligence et L'Echafaud*）中，加缪清晰地界定了如何通过模仿法国古典小说来编排文章，把故事线索追溯到刽子手，刽子手的任务就是毫无偏差地砍掉被判处死刑的人的脑袋。他特别抨击

---

[1] *OC*, Ⅳ, 1384, editorial note by M. Weyembergh.

[2] 见 Dominique Rabaté, 'Roman', in *Dictionnaire Albert Camus*, ed. Jeanyves Guérin (Paris, 2009), p. 803。

了在拉法耶特（Lafayette）夫人以及其他新法国小说家的作品中充斥的经济概念。在他们看来，艺术就像"一种复仇的形式"（*OC*, I, 900），给一个苦难命运套上一个绷紧了的形式。

在一代代读者中，《局外人》得以成功地被接受，这足以说明小说自身的文化史和社会史，影响了我们对加缪自身历史的理解。在该书发表后的一些年里，人们聚焦于一些普遍问题，而未能涉及与殖民地阿尔及利亚相关的特殊问题。1943年2月，萨特在《新法国杂志》上对这部小说的解释在这方面是基础性的。他把西西弗的困境与莫尔索的境遇联系起来，提出了加缪式的荒诞观，重申了人对生活的向往与其对有限生存的了解之间的矛盾。但是他的解读明显是以欧洲为中心的，从异域角度说该书是一部奇书，给"没有煤的冷酷春天"（指战时燃煤短缺）带来了地中海的阳光。[1] 萨特把这部小说置于欧洲文化之中，隶属于伏尔泰的说教小说传统、帕斯卡的道德主义，以及陀思妥耶夫斯基的悲观主义。萨特观点中没有将其与殖民地阿尔及利亚关联起来，这依然是出乎预料的。幸运的是萨特只闪电式地提到了莫尔索杀死

---

[1] Jean-Paul Sartre, 'Explication de "L'Étranger"', *Situations*, I [1947] (Paris, 1964), pp. 99–121 (p. 99).

六　两个局外人的故事

《局外人》(1942年版)的封面。
这部小说后来被译成50种文字

了他的对手阿拉伯人。奇怪的是，萨特认为该书让人感到这不是一部小说，而是"单调的独唱，发自阿拉伯人的鼻音的独唱"。[1] 殖民地阿尔及利亚生活的特殊性于是就被淹没在异域情调之中了。

就《局外人》中强烈的地方色彩而言，萨特1943年的

---

[1] Jean-Paul Sartre, 'Explication de "L'Étranger"', *Situations*, Ⅰ [1947] (Paris, 1964), p. 120.

评论中实际排除了北非，这更令人吃惊，因为与令这部小说出名的荒诞性相比，其阿尔及利亚色彩同样重要。欧洲人与本地人之间的怀疑是根深蒂固的，1939年的阿尔及尔报纸刊载的谋杀事件的起因包括酗酒、炎热和种族间暴力。作为当时为《阿尔及尔共和报》工作的记者，加缪接触到许多法律案件，非常熟悉城市里的法庭审理程序。[1]

根据这一明显的历史语境，现在回顾战时德国审查的结果似乎颇具讽刺意味，德国审查官们认为这部作品无政治性，无社会意义。[2] 在后来的岁月里，对其他读者而言，那完全是一篇不同的故事。1961年4月，在给年轻的历史学家皮埃尔·诺拉（Pierre Nora）的一封私人信件中，雅克·德里达（Jacques Derrida）抱怨萨特1943年对《局外人》的"批评－哲学式"的解读剥离了文本的历史意义和原创性，导致加缪也以相同的眼光看待该书。在他的反论中，《局外人》最最重要的是一部描写阿尔及利亚的书，德里达同意诺拉的观点，认为书中杀人的场面表达了殖民者要摆脱被殖民者的

---

[1] 见安德烈·阿布（André Abbou）对小说的介绍，*OC*, I, 1252。阿布提到了波洛塔事件，如1939年7月6日在《阿尔及尔独立报》（*La Dépêche algérienne*）上报道的。

[2] 见阿布的编者按，*OC*, I, 1259。

无意识欲望。[1]

德里达是在诺拉那本犀利的《阿尔及利亚的法国人》(*Les Français d'Algérie*)的刺激下写这封信的,而这本书则是在这位年轻的世界主义作者于阿尔及利亚战争期间在奥兰教了两年书之后写成的。该书1961年3月出版,当时阿尔及利亚的未来仍然悬而未决(4月,法国发动了旨在阻止阿尔及利亚独立的一次军事行动)。对诺拉来说,《局外人》是唯一一部从他所说的"有意冻结在历史静态"中的一种文化走出来的文学作品。[2] 在莫尔索这个毫无雄心的办公室职员身上,诺拉看到各种狭隘世界观的杂糅体现,对他来说,这是法裔阿尔及利亚人精神的集中体现。诺拉抓住了这样一个事实,即加缪在1940年3月去往巴黎之前一直住在奥兰,那几乎就是一潭文化死水。用诺拉的话说,不仅奥兰使加缪感到他就是荒岛上的鲁滨孙·克鲁索(Robinson Crusoe),而且,他尖刻地说,每一个法裔阿尔及利亚人心中都有一个克鲁索。[3]

---

[1] 德里达1961年4月27日的信,见 Pierre Nora, *Les Français d'Algérie* (Paris, 2012), pp. 271–299。

[2] 转引自 Conor Cruise O'Brien, *Camus* [1970] (London, 1982), p. 25。

[3] Nora, *Les Français d'Algérie*, p. 209.

诺拉后来通过创建"记忆之场",对一个群体构建并记住其遗产的意愿这一现象进行了有影响力的描述。在《阿尔及利亚的法国人》中,他看到加缪不仅是个左翼人物,不仅是无数次报道"卡比利亚的贫困"的《阿尔及尔共和报》的记者,而且还是位作家,其作品捕捉到了"法国人感到的他们的统治受到挑战的瞬间"。[1] 对诺拉来说,《局外人》以虚构的形式描画了殖民者心态中潜在的侵略性。爱德华·萨义德(Edward Said)后来也论证说,把这个文本重新置于殖民的语境中就是"将其阐释为一种强烈的历史经验"。[2]

当我们从萨特早期把莫尔索视为荒诞的天真桑丘·潘沙(Sancho Panza),到诺拉把《局外人》归类为殖民无意识的储存,对这部小说的反应光谱就宽广起来了。[3] 如果《局外人》几十年来被广为接受的情况构成了该文本旺盛的来世生命,那就值得将这种来世生命与一个主要在巴黎闻名的二十六岁作家所处的模糊的创作环境做一个对比。1940年春,加缪住在一个租房里,为一份毫无生机的报纸工作,感到首都了无生趣。在完成这部小说草稿的几个星期后,"非

---

[1] Nora, *Les Français d'Algérie*, p. 209.

[2] Edward Said, *Culture and Imperialism* (London, 1994), p. 224.

[3] Sartre, *Situations*, I, p. 102.

实战状态"结束了。面对德国入侵军队时刻都有进驻巴黎的危险，在三个月前还是从阿尔及利亚来到首都的"局外人"，现在已经做好准备加入人口南移的运动。他随身携带的就有《局外人》的手稿。

七 "人都是苦……"

1940年6月,当纳粹占领首都——德国人6月14日进驻巴黎——已经毫无悬念之时,加缪在巴黎的工作戛然而止,《巴黎晚报》也匆忙间换了地方。它先移到克勒蒙－费兰(Clermont-Ferrand),然后到波尔多(Bordeaux),又回到克勒蒙,最后于9月迁址里昂。1940年5—6月,法兰西军事力量瓦解。后来著名的巴黎失陷是社会彻底瘫痪的一个代表时期。当北方城市居民夺路而逃、企图躲避进犯的德国军队时,加缪加入了约有六百万到一千万人的出城队伍,其数量又随着北面低地国家南下难民的加入而不断增加。[1]

按照1940年6月22日与德国签署的停战协议,法国被分成两半。北部直接由德国军队占领,而南部则围绕维希政府建立了未占领区。这里,法国统治继续维持着,尽管这是

---

[1] Julian Jackson, *France: The Dark Years, 1940–1944* (Oxford, 2001), p. 120.

一个必须与占领军协商的政府。出巴黎之后,加缪就住在南方区。他不仅感到身陷囹圄,思想上也深受未占领区的禁闭。[1] 1940年7月,八十五岁的贝当将军被安置在那里,成为联合政府的首脑。在维希法国,反犹太主义开始流行。

迫切但又无法赶回阿尔及利亚的年轻的加缪清醒地写信给未婚妻弗朗辛·富尔——她仍在地中海的另一侧奥兰——说"胆小和年迈"占领了法国。[2] 然而,重要的是,战争带来的混乱并没有终止加缪的创作,他对艺术的追求依然是执着的。我们看到《西西弗神话》的手稿所用的《巴黎晚报》信纸上印有"克勒蒙-费兰,布拉丁57街"的字样。这是当地报纸《监督者》(*Le Moniteur*)的地址,当《巴黎晚报》和巴黎其他报纸被迫南迁时,《监督者》的拥有者、政治家皮埃尔·赖伐尔(Pierre Laval)将其房舍提供给他们,1942年,赖伐尔成为维希政府的首脑。

1940年11月末,弗朗辛从奥兰来到里昂与加缪会合。当年早些时候,他刚与西蒙娜·伊爱办理完离婚手续。作为20世纪30年代末生活在阿尔及利亚的一位颇有前途的作家,

---

[1] 见 Antony Beevor and Artemis Cooper, *Paris after the Liberation: 1944–1949* (London, 1995), p. 15。

[2] 转引自 Olivier Todd, *Albert Camus: une vie* (Paris, 1996), p. 256。

七 "人都是苦……"

加缪有许多女朋友。1939年7月25日在给其中一位名叫克里斯蒂亚娜·加林多的女友的信中,他说他不知道结婚对他来说是否真的合适:"因为我的工作需要精神自由,完全的自由。"[1] 他在性生活方面毫无节制,在1937年7月的一则日记中,他写道:"欲望这头温热的野兽,带着一种凶猛的甜蜜,在一个人的腰里翻腾。"(*OC*, II, 822) 在《西西弗神话》中,他把蒂尔索·德·莫利纳(Tirso de Molina)的人物唐璜变成了一个英雄,因而能用一个文学范例反映他的这种解放观点:唐璜代表着爱的意志,而且是毫无限制的爱。对比之下,弗朗辛·富尔,一位出身奥兰有教养的中产阶级家庭的教师,却要传统得多。他们于1940年12月3日结婚,婚礼低调,帕斯卡尔·皮亚为见证人,有加缪在报界的几位朋友出席。后来有一位朋友津津乐道地说:"我很受感动,他们以如此简单的方式结了婚,只有三四个排字工人参加婚礼。"[2] 而不日内,加缪就失去了《巴黎晚报》这份工作,其发行量骤降,员工裁减。由于几乎没有收入,新婚夫妇被迫回到奥兰,住在弗朗辛家提供的在阿尔祖街的住宅。

---

[1] 转引自 Olivier Todd, *Albert Camus: une vie* (Paris, 1996), p. 221。

[2] 转引自 Jean Daniel, *Avec Camus: Comment résister à l'air du temps* (Paris, 2006), p. 42。

与弗朗辛结婚的并不是诺贝尔奖得主。她有稳定的教师工作，而加缪则无固定的雇主。在写作方面，他继续向前推进，1941年2月完成了《西西弗神话》的手稿。当1942年10月，他与伽利玛出版社合作出版此作品时，是在删去了一篇论犹太作家卡夫卡的文章后，为的是避免引起战时审查官的注意。[1943年夏，加缪秘密地把论卡夫卡的文章在里昂的《拉巴莱特杂志》(*L'Arbalète*)上发表了。]

1941年的奥兰显然弥漫着维希政治的影响。在所有阿尔及利亚城镇中，这里是犹太人最稠密的地方。反犹太的立法使阿尔及利亚犹太人口中的民权被撤回，1870年的克雷米厄法案在1940年10月被废除，而正是这个法案给予法国犹太人以公民权。加缪中学时代的朋友安德烈·贝尼舒（André Bénichou），奥兰的一位中学教员，被免了职。城中大约有两万六千名犹太人及其孩子们现已被划分为前法国公民。[1] 加缪偶尔在私立学校教书，这些私立学校就是专为被国家体制排除在外的犹太儿童设立的。

毫不奇怪，围困和禁闭的主题将成为他战时作品的突

---

[1] André Kaspi, *Les Juifs pendant l'Occupation* (Paris, 1991); 转引自 Todd, *Albert Camus: une vie*, p. 265。

七　"人都是苦……"

出特色，而他在此时期推进的作品中就有戏剧《误会》(*Le Malentendu*)和第二部小说《鼠疫》。加缪为这部小说监狱般的氛围选择的地点就是奥兰城，他在这里度过了1941年的大部分和1942年的前半年。1941年7月28日他从那里写信给让·格勒尼埃表达了这个城市给他的孤独感，将其比作"一个野性而炙热的迷宫"。奥兰是"没有绿洲的荒漠"，需要醒来与文明重新接洽的一个地方。[1]

《鼠疫》开篇就极尽贬抑地描写了背对大海的这座城市："人们如何表达，比如，"叙述者问，"对一个没有鸽子、没有树木、没有花园……的城市的想法？夏日里太阳烘烤着干燥的房屋，用灰色的粉末覆盖着城墙。"[2] 1941年7月阿尔及利亚爆发了一场伤寒，这融入了加缪准备写的小说之中，10月，他开始寻找历史和文学中关于鼠疫传染病的资料，其中有丹尼尔·笛福(Daniel Defoe)的《鼠疫年日记》(*Journal of the Plague Year*, 1722)。梅尔维尔的《莫比·迪克》(*Moby Dick*)也描写了船上的传染病。加缪此时期的日记表明所有这些都为他的写作计划提供了资料。

---

[1] Albert Camus and Jean Grenier, *Correspondance, 1932–1960*, ed. Marguerite Dobrenn (Paris, 1981), p. 59.

[2] Camus, *The Plague*, trans. Robin Buss (London, 2002), p. 5.

1942年他运气不错。5月,《局外人》在巴黎出版,但此前,在2月,他肺结核复发,并被要求休息。他的经济状况也因此更加糟糕。"疾病与奥兰,那是两片荒漠",他向让·格勒尼埃抱怨说。两个星期以后,1942年3月7日,他愤怒地写道:"眼下,我在世界上最冷淡的城市里无能为力。"[1] 出于健康原因,医生嘱咐加缪要休息,要住在半高原地区。8月,他和弗朗辛从阿尔及利亚前往勒帕奈利耶(Le Panelier),这是维瓦莱(Vivarais)地区位于圣埃蒂纳山顶上与利容河香蓬市不远的一个小村子。弗朗辛的一个亲属在那里开了一家旅馆。秋天,弗朗辛不得不回奥兰教书,加缪则继续待在中央高原地区。当1942年11月盟军军队进入阿尔及利亚时,他实际上与北非的家人失去了联系。他和弗朗辛将在战时的剩余时间里分居,到1944年10月才随着法国解放的跟进而在巴黎团聚。

战争经历逐渐加深了加缪与大都市法国的联系。在1943年3月9日从勒帕奈利耶给让·格勒尼埃写的一封信中,他坦诚说他开始理解祖国是什么意思了,尽管他又说,对他来说,经受如此的苦难而到达这样一个联结点并不是他的荣

---

[1] Camus and Grenier, *Correspondance*, pp. 67, 69.

七 "人都是苦……"

誉。[1]在同一封信中,他解释说他忙于写作,表达了一种隐退情绪,还引用了约翰·亨利·纽曼(John Henry Newman)的忠告:"在我们放弃这个世界的时候去欣赏这个世界上的事物。"[2]加缪周期性的病重也加重了这样一种世界观,在1943年8月给抵抗运动诗人弗朗西斯·蓬热(Francis Ponge)的一封信中,他写道:"在巴黎与我的健康之间,在我不喜欢待的法国与留驻此地的义务感之间,我希望工作能把我从所有这些中拯救出来。"[3]他将把孤独与社会团结之间的张力引入他的作品之中。正是在1943年12月,他全身心地投入了抵抗工作。

在《给一位德国朋友的信》(*Lettres à un ami allemand*)(这是连续四封写给一位想象的德国记者的信之一)中,加缪把他个人对民族的态度说成是复杂的。这四封信的其中三封在被占领区秘密发表,第一封是1943年7月在《自由杂志》(*La Revue libre*)上发表。(*OC*, II, 1129)在这种公开交流中,想象的德国对话者责备写信人缺乏对其国家和正义的爱——

---

[1] Camus and Grenier, *Correspondance*, p. 88.

[2] Ibid., p. 89.

[3] Albert Camus and Francis Ponge, *Correspondance, 1941–1957*, ed. Jean-Marie Gleize (Paris, 2013), pp. 73–74.

在德国朋友的心中,这反映了一种模棱两可的立场,暴露了爱国主义的缺乏。法国记者的反驳是:"这个国家值得一种复杂的和强烈的爱,那就是我的爱。"(*OC*, II, 13)对加缪来说,无论是对国家的依恋,还是对战争的追索,都需要仔细审视,这是对盲目接受国家宣传的必要抵制。简言之,审视是极权主义的解毒剂。

但是,抒情性也是加缪在《给一位德国朋友的信》中用以反击法西斯主义的法宝之一。他抱怨说,五年来"人们不再能够在晚上凉爽的空气中聆听鸟的叫声"。(*OC*, II, 27)但他警告说无论如何历史的血腥介入终将被自然挫败。他的语气使人想起上一代法国作家中的爱国主义者莫里斯·巴雷斯(Maurice Barrès),加缪吹嘘说这片民族土壤将再度恢复其力量,并预言"固执的春天的回归"将使胜利成为必然。(*OC*, II, 23)

战争期间,加缪住在勒帕奈利耶,不断骑自行车到圣埃蒂纳接受治疗。他从内心里反感这个工人阶级小镇的了无生气,"每个人都穿黑衣服"[1],一些年后,也就是1955年,在参观阿尔及利亚海岸的古城提帕萨时,他重提出生在法

---

[1] 转引自 Herbert R. Lottman, *Albert Camus: A Biography* [1979] (Corte Madera, CA, 1997), p. 288。

七 "人都是苦……"

国工业城镇的那些人的苦难生活。"出生在提帕萨山区该有多么幸运呀,"他坚持说,"而不是出生在圣埃蒂纳或鲁贝(Roubaix)。"(*OC*, IV, 1220)他把勒帕奈利耶的生活描写成"严苛、沉默、孤独"的僧侣生活。[1] "历史被颠倒了,"他写信给格勒尼埃说,"但日常生活在继续。"[2] 从1943年2月在中央高原地区开始,他就把一包书寄给了他的老师,请他把包裹里的所有东西(包括绳子)都交给他在巴黎的一个演员朋友保罗·奥特里(Paul Oettly),在勒帕奈利耶时,加缪就住在奥特里母亲的家里。几个月后,在寄给格勒尼埃一家的食品中有山羊奶酪——加缪还写了做法(用水短暂浸泡)——和蘑菇粉,这是用他在林中亲手采摘的蘑菇做成的。

中央高原的内陆世界也给加缪的《误会》提供了背景。该剧取材于他原在1935年年初在阿尔及尔报纸上看到的一条新闻,这条新闻还曾出现在《局外人》的故事情节中,故事中莫尔索在监狱里放着一份新闻剪报,上面写着一个引人注目的误认故事。这条新闻讲一个人在地中海一个国家生活了二十年后回到中欧,隐姓埋名,住进了他的家人开的一个

---

[1] Camus and Grenier, *Correspondance*, p. 85.
[2] Ibid., p. 89.

单调无趣的旅馆。夜里，他的母亲和妹妹杀了他（为的是多攒几个钱以便回到老家地中海）。第二天，她们发现了他的真实身份，于是双双自杀。

该剧描写灰色呆板的中欧某地与具有南方气息的某解放区之间的对立。让·格勒尼埃曾经就其手稿不断给加缪反馈，他发现剧中的玛莎（Martha）——就是这个归家之子的妹妹——是剧中给人印象最深的人物。更为贴切的是，他在玛莎身上看到了加缪。"我离我所爱太远，"她断言，"而且没有什么能弥补那段距离的。"（*OC*, I, 491）玛莎还抱怨说她一直被"掩埋在远方那块陆地的中心……我在它厚厚的褶子里长大"。（*OC*, I, 489）到1943年2月，加缪在给格勒尼埃的信中也发表了同样的怨言：他已经厌腻了中央高原灰色的天和大雪覆盖的路。"以前我从未如此想念光和热。这的的确确是一次流放。"[1] 他在第二次世界大战中经受的孤独和地理错位感是极为明显的，那种绝望在玛莎忧虑的话中渗透出来："不管我怎样把耳朵贴紧地皮，我都听不到快乐大海的冰冷的浪涛声或有节奏的呼吸声。"（*OC*, I, 491）如果加缪敏锐地感到了法兰西中央高原与阿尔及利亚两种生态的鲜明

---

[1] Camus and Grenier, *Correspondance*, p. 87.

七 "人都是苦……"

在战时圣埃蒂纳的"国家救济院"中,膳食供应给有需要的人。加缪对法国工业城市工人阶级的生活状况直言不讳

对照,那么,玛莎就表达了那种流放感。

战争也构建了《误会》的道德氛围,这部作品反思了暴力、错行和个体责任等问题。弑兄的玛莎把她的犯罪看作是对她的孤独的一种惩罚。"犯罪也是一种孤独,即便孤独业已成为数千人集体完成的一件事。"(OC, I, 495)她压抑地沉思道。她母亲也进行了反思,尽管杀害客人对她来说已经是日常小事,但现在轮到自己的儿子了,使她重又感到了连续杀人的现实。"痛苦的体验足以能改变一切,"(OC, I, 488)

她透露说。

对平常的杀人现实的反思和道德痛苦感的重现,这些虽然冒着被抨击为纯粹主题剧的危险,但却预示了战争即将结束时急迫到来的社会争论。在《给一位德国朋友的信》中,如我们已经看到的,加缪已经忙于把这样一个迫切的道德问题传达给这场争论了。

1943年10月,他把《卡利古拉》和《误会》两部手稿都给了伽利玛,翌年5月又提交了所有戏剧的整合版,经过一番修改后这些作品都得以面世。加缪把剧本题献给了"我在劳动剧团的朋友们",20世纪30年代中期与他一起从事戏剧工作的人们。

1943年末,加缪离开法国中部到巴黎。11月,他在伽利玛出版社找到一份工作,即图书编审,成为出版社编审委员会成员。大约在同一时期,帕斯卡尔·皮亚把他介绍给抵抗组织,负责生产和发行秘密报纸《战斗报》(Combat),在巴黎解放后的翌年8月,《战斗报》成为新解放的新闻界的主要机构之一。

1944年春,准备在巴黎马蒂兰剧院上演《误会》的工作开始,马塞尔·埃朗(Marcel Herrand)为导演。玛莎的扮演者是一位二十一岁的女演员,不久就成为加缪情人的玛丽

七 "人都是苦……"

亚·卡萨雷斯（Maria Casares）。在自传中，她回忆说他们的第一次见面是瞬间触电的感觉。她感觉到他身体里有一股强大的力量，她写道，"是戈雅（Goya）的人物眼睛里闪耀的那种狂热的强光"，只是在加缪这里，她发现这道强光被紧紧地遮住了。卡萨雷斯热烈地表示说："倘若他是医生，我是病人，他只需要出现，我就会感觉好多了。"[1]她着迷于他的"活力、激情、想象和对思想、言论自由之个体解放的献身"。[2]

玛丽亚·卡萨雷斯生于西班牙共和党的名人家庭，父亲是圣地亚哥·卡萨雷斯·基罗加（Santiago Casares Quiroga），1936年7月17日西班牙内战爆发之前任西班牙首相。她和加缪之间爆发激情的重要因素是西班牙性，她把加缪视为在被放逐中的志趣相投的人。作为逃离佛朗哥西班牙到法国居留的一名移民，她将成为战后法国戏剧和电影界的一位领军人物，1945年曾在马塞尔·卡尔内（Marcel Carné）的《天堂里的婴儿》（*Les Enfants du Paradis*）和科克托（Cocteau）的《奥尔菲》（*Orphée*, 1949）中饰演重要角色。

---

[1] Maria Casarès, *Résidente privilégiée* (Paris, 1980), p. 232.

[2] 转引自雅姆·柯卡普（James Kirkup）为卡萨雷斯撰写的悼文，*The Guardian*（1996年11月26日）。

当1944年6月23日《误会》在马蒂兰剧院首演时，观众都是持请柬被邀请来观看的，评价充满了敌意。[1]部分对话的粗鄙，有些情节的可预见性，都受到嘲笑。还有一种说法是，加缪由于缺乏对勾结纳粹分子的报纸的同情，而招致许多在场记者发泄他们的敌意。然而，尽管首场演出充满喝倒彩声和口哨声，饰演玛莎的大胆的卡萨雷斯无论在情感上还是在表演上都坚持到了谢幕之后。[2]那年夏天，随着1944年6月初盟军在诺曼底登陆，战争局势有所转变，《误会》首场演出后，演出计划中断，10月份才继续演出了两个星期。

勾结纳粹者的命运现已成为热门话题，关于罪孽、报应和责任等讨论已无处不有。7月，玛莎在马蒂兰剧院参加《误会》的公演遵守了严谨的道德法则——"由于独自活过和独自杀过人，所以独自死去，这没有错"（OC, I, 495），而加缪则在他的报道中也采纳了同样宣告式的口吻。在1944年7月仍然秘密发行的《战斗报》杂志上，一篇可能是加缪写

---

[1] 见达维德·H. 瓦尔克（David H. Walker）的社论文章，OC, I, 1339, n. 5。

[2] 卡萨雷斯的老师和朋友贝娅特丽克丝·迪萨纳（Béatrix Dussane）的证词，转载于Lottman, *Albert Camus*, p. 336。

七 "人都是苦……"

的未署名文章以此为题:"你将为你的行为受到审判"。[1] 该文在评论贝当和赖伐尔与纳粹勾结的行为的同时,还表达了一种道德上的不妥协。正如在《误会》中需要用"平实的语言"来揭露杀人的循环,同样,该文坚持认为在法国"需要有勇气和清晰的语言"。在集体暴力内部,个人责任感的重要性将成为那场道德争论的关键。

虽然加缪自己的观点是世俗的,但第二次世界大战期间与一些基督徒并肩工作的经历则使他领悟了他亲眼看见的这些基督徒的道德操守。这些接触并非没有被注意到:他的共产党友人弗朗西斯·蓬热曾坦言对这种宗教联系感到不自在。然而,加缪则毫不后悔,表示对那些献身于宗教信仰的人,"我岂止同情,而是感到与他们牢牢地绑在了一起"。[2]

勒内·莱诺(René Leynaud)就是这样一个人。他是为《里昂进步报》(*Le Progrès de Lyon*)工作的一位诗人和记者,1942年初就加入了地下抵抗组织。他和加缪在圣埃蒂纳相遇,当时,加缪住在勒帕奈利耶;1944年春,他们再次在巴黎相遇。同年10月,有消息说莱诺5月在里昂被地方军

---

[1] *Combat clandestin*, LVIII (July 1944); quoted in *CAC*, 134.
[2] 加缪给蓬热的信,1943年8月30日。见 Camus and Ponge, *Correspondance*, p. 73。

逮捕，6月13日在维尔纳夫（Villeneuve）附近的树林中连同十八名囚犯被盖世太保枪决。加缪在《战斗报》（1944年10月27日版）中为他写了一篇纪念文章，一年后，当伽利玛再次出版《给一位德国朋友的信》时，加缪便把该书题献给莱诺以示纪念。

战时失去亲朋的情绪正渗透到《鼠疫》中来，其中大部分内容是在占领和解放的背景下创作的。从表面上看，小说记叙了奥兰爆发的鼠疫的影响，但在1947年发表后其寓意却使战后读者将其与纳粹占领的经历联系起来，在法国，人们把纳粹占领称作"褐色鼠疫"（指占领军士兵的军装颜色）。当伯纳德·里厄（Bernard Rieux）医生眼睁睁看着朋友塔鲁（Tarrou）在瘟疫结束时死去，他发现就他个人而言不会有什么安宁了，"就像被剥夺了儿子的母亲或亲手埋葬了朋友的人一样"。[1]

勒内·莱诺的死对加缪来说就是这样一次剥夺。1944年10月27日《战斗报》的一篇社论专门赞扬莱诺的道德操守和牺牲，加缪强调指出诗人放弃了艺术而献身于战争。（*OC*, II, 411）加缪也给莱诺死后发表的诗集（1947年）撰写了序，

---

[1] Camus, *The Plague*, p. 223；英译有所改动。

七 "人都是苦……"

坦言在他三十年的生命中"从来没有哪一个人的死在我心中如此震颤"。(*OC*, II, 710) 考虑到莱诺的宗教信仰，加缪满怀深情地写道，这位朋友现在属于"那个对我来说没有任何意义的东西……而且，我唯一不能和他在一起的地方就是他的笃信。但是他喜欢我的不同正如我喜欢他的不同一样"。(*OC*, II, 710)

加缪对宗教从未手软。[几年之后，在新剧《戒严》(*L'Etat de siège*，1948 年 10 月在巴黎的马里格尼剧院上演) 中，他严厉指责佛朗哥西班牙的极权主义政府，致使天主教作家加布里埃尔·马塞尔 (Gabriel Marcel) 抗议他在剧中用"荒诞的令人作呕的光"来再现宗教。[1]] 在气质上，谈论道德操守会使他很不舒服，而《鼠疫》的创作却让他发出了道德家的声音。作为布莱兹·帕斯卡 (Blaise Pascal) 的热心读者，他后来把《思想录》的作者说成是"昨天和今天的最伟大的人"。诗人雅克·鲁博 (Jacques Roubaud) 将会强调这一联系，敏锐地把加缪与"凡俗的帕斯卡"联系起来。[2]

帕斯卡的名言"人的全部苦难衍生于一件事，即不能安

---

[1]　*OC*, II, 1303, note 11.

[2]　Jacques Roubaud, *Poésie* (Paris, 1967). 引文均引自"帕斯卡"条目，在 *Le Dictionnaire Albert Camus*, ed. Jeanyves Guérin (Paris, 2009), p. 649。

静地待在自己的房间里",加缪在1946年1月与路易·吉尤关于《误会》之悲剧根源的谈话中有所回应:"人的全部苦难衍生于这样一个事实,即不知道如何使用简单的语言。"[1](就该剧的具体情况而言,如果归家的儿子能够说明他是谁,悲剧就会得以避免。)在后来的职业生涯中,他将复述帕斯卡的这句名言:在关于"该隐的子孙"的《反抗者》(*The Rebel*)中,他说:"人的全部痛苦都衍生于希望,这希望把他们从沉默的城堡中撕裂出来,在他们期待救赎的过程中将其抛向城墙。"(*OC*, III, 85)

---

[1] 帕斯卡的法文原文:"tout le malheur des hommes vient d'une seule chose, qui est de ne savoir pas demeurer en repos dans une chambre", B. Pascal, *Pensées*, ed. Louis Lafuma (Paris, 1962), p. 77; Albert Camus and Louis Guilloux, *Correspondance, 1945–1959*, ed. Agnès Spiquel-Courdille (Paris, 2013), p. 34。

八 《战斗报》与解放叙事

清晰，拒绝，坚持，讽刺。

——加缪，"新闻四律"[1]

1944年8月巴黎解放，《战斗报》不再是秘密发行的报纸了。该报地址在雷奥米尔街，也就是前《巴黎精神》（*Pariser Zeitung*，德军占领巴黎时的报纸）所在地。它现已是一份日报，发行量高达二十万份。四年前，二十六岁的加缪从阿尔及利亚来到巴黎，在《巴黎晚报》做助理编辑的单调工作。他现已是《战斗报》的主编，是面对全国的一位著名记者。正如新近建立的《世界报》（*Le Monde*）被认为是于贝尔·伯夫-梅里（Hubert Beuve-Méry）的报纸，读

---

[1] 摘自加缪为《共和晚报》撰写的关于记者之职责的文章（1939年11月25日），被查禁。文章转载自《世界报》马哈·塞里（Macha Séry）的介绍，*Le Monde*（2012年3月18日）。

者们也把《战斗报》看作是加缪的报纸。[1]在新版式发布后的十二个月里,他是这份报纸的一位多产的撰稿人。

1944年8月21日《战斗报》新版创刊时,巴黎的战斗正酣,抵抗运动的战士们不断袭击德军在城内的据点。在第一篇题为《战斗在继续……》的社论中,加缪写道:"占领、斗争和牺牲持续五十个月后,巴黎有了重获解放的感觉。"(CAC, 139–140)几天以后,首都的战斗在继续,加缪鼓舞读者道:"今天巴黎在战斗,明天法兰西才能说话。"(CAC, 149)

加缪作为措辞者的介入成了人民解放宏大叙事的一个部分,而他在报纸中的谈论都是关于某种规模的民族重建的。他早期发表的报纸文章含有对自由、真理和轻蔑情绪的高度诉求。在1944年8月31日和9月1日的两篇评论新闻现状的文章中,加缪谈到战前新闻如何被大型金融机构控制,他号召通过政治途径把新闻从资本的影响中解放出来。他坚持认为记者对于阅读大众的责任需要在与法西斯勾结结束后得以恢复。在他的署名文章中,口吻显然是道德的,如同该报

---

[1] Jeanyves Guérin, 'Combat', in Dictionnaire Albert Camus, ed. J. Guérin (Paris, 2009), p. 164.

八 《战斗报》与解放叙事

1944年8月24日,《战斗报》首页

的匿名文章一样,其中有许多都可认为出自他个人之手笔。"政治与道德是相互依存的"(*CAC*, 163),他毫不含混地在9月1日这样宣称。三天以后,他更进一步,提出用道德代替政治的革命举措。(*CAC*, 171)在这次的道德转向中,加缪展示了一种政治宣传的风格,这将是他后来生涯中公共介入的标志。

《战斗报》反映的是非共产主义左派的观点。它旨在代言工人阶级的利益，而对这个目的的追求总是以热切的期待表达的。"我们相信任何将自身与工人阶级分离开来的政治都是徒劳的。明天的法兰西将是工人阶级的法兰西"（*CAC*, 143），加缪1944年8月21日的社论文章这样说。他同样排除了民粹主义报纸，相反，提倡"深思熟虑和一丝不苟的日常努力"。（*CAC*, 165）在另一篇被认为是他的导读文章中（1944年9月6日），他提醒读者法国资产阶级如何与维希政府联手，报复1936年当选的里昂·布卢姆（Léon Blum）的民族阵线政府。（*CAC*, 171–172）

随着解放的到来，纷争势必要解决，而加缪首先支持清洗"工业和思想界那些勾结法西斯的名人"的政策。（*CAC*, 264）比如，主要汽车生产商路易·雷诺（Louis Renault）就成了1944年9月26日一篇社论的靶子（雷诺已经被捕，但在审判之前就死了）。社论认为，在这些明晃晃的勾结法西斯的案子中，"应该毫不羞愧地说惩罚就是道义的和无可争辩的"。（*CAC*, 208）

1944年10月，加缪与天主教作家弗朗索瓦·莫里亚克（François Mauriac）就清洗的道德问题发生了冲突。莫里亚克在保守的《费加罗报》（*Le Figaro*）撰文呼吁基督教的博爱，力主仁慈，而加缪则认为有些人是不可能原谅的。他坚持认为法国能够"既获得胜利又获得真理"。（*CAC*, 276）为此目的，他呼吁把"民族尊严这个概念"作为重建的必要工具，同时也明确表示清洗必须是有效的，并要迅速结束。

莫里亚克在坚守基督教的博爱原则方面毫不逊色。他称他的对手是"在每一个话题上都能提出闪光思想的年轻大师"。[1] 加缪也不是好惹的，针对莫里亚克的博爱口吻，他强烈地驳斥说基督是为全人类而死的。"莫里亚克先生把基督掴在我脸上了，"还说，"神圣的博爱将剥夺人们的正义。"（*CAC*, 441–442）

然而，《战斗报》的主编，后来将成为死刑惩罚的公开反对者，很快就对清洗的方式感到失望。作家罗贝尔·布拉希拉（Robert Brasillach）这个人人皆知的案子令他困扰。布拉希拉曾经是纳粹的铁杆支持者，曾为《我无处不在》（*Je suis partout*）这份支持纳粹的报纸撰文。1945年1月他被判处死刑。当有人提出申诉，要求缓刑，加缪先是拒绝签名，但经过反复的心灵探索之后又支持申诉。但布拉希拉还是被

---

[1]　François Mauriac, 'Le Mépris de la charité', *Le Figaro* (7–8 January 1945)，转引自 *CAC*, 433，注释1。

处决了。戴高乐拒绝被这种申诉所左右。1945年8月末，幻灭的加缪公开发表言论说清洗是个失败，并说莫里亚克是正确的。（*OC*, II, 471）[1]

1945年春，由于在《战斗报》的工作，加缪去往阿尔及利亚。这次旅行成了一次痛苦的记忆，他看到了殖民地发生的巨大变化。从4月18日到5月8日他走了相当多的地方，不仅走访了沿海地区，还驱车到南部的君士坦丁地区，访问了卡比利亚。如他所料，这次旅行恰好在这个国家的重大暴力事件爆发之前结束了。

1945年5月8日欧洲战争结束。这恰好与阿尔及利亚塞蒂夫和盖勒马（Guelma）地区的起义相偶合，在那里，一百多名欧洲居民被屠杀。在法国空军和海军陆战队参与的复仇行动中，数千名阿尔及利亚人被杀。加缪此时已经回到巴黎，他在《战斗报》上的报道并没有提供来自实地的详细情况，而聚焦于这个国家面临的社会经济危机。

然而，几个月后，在1944年10月13日《战斗报》的一篇社论中，他暗示要谨慎处理殖民政治的问题。他当时提

---

[1] 见 *Albert Camus contre la peine de mort*, ed. Eve Morisi and with preface by Robert Badinter (Paris, 2011), pp. 18–19。

出的建议是，作为殖民大国，大都市的法国在第二次世界大战中已经失去了阿尔及利亚人的敬仰，因此需要抵制在那个殖民地动用任何武力的诱惑。他警告军事主义是危险的，所需要的是避免在法国"给法国人民以正义，而在另一个国家里却行使宗主国的非正义"。（*CAC*, 253）后来发生的一件件流血事件凸显了这篇社论的针对性。法国军队在塞蒂夫和盖勒马地区残酷的军事报复构成了法国在阿尔及利亚殖民关系的分水岭。从事后观点看，一些阿尔及利亚人把1945年5月的大屠杀看作是阿尔及利亚战争的开端。这当然是后来成了著名作家的卡提卜·雅辛（Kateb Yacine）的观点，他曾目睹了塞蒂夫事件。然而，他是在他的阿尔及利亚民族信念形成的时候提出这一看法的，血腥报复的故事在法国没有如实报道。西蒙娜·德·波伏娃在自传中写道，共产党的《人性报》（*L'Humanité*）把伤亡人数设定为一百。[1]

随着1945年5月形势危急，加缪急于把这种迫切性注入关于阿尔及利亚的都市性思考之中。他提倡改革，警告说这是"法国拯救其在北非之未来的最后一次机会"。（*CAC*, 529）他让大都市读者注意到费尔哈特·阿巴斯（Ferhat

---

[1] Simone de Beauvoir, *La Force des choses* (Paris, 1963), p. 43.

Abbas）的政治著作，推荐说他"是具有非凡能力的一个重要人物"、温和民族主义运动的领袖，温和民族主义运动是1943年随着"宣言之友"（Amis du Manifeste）的建立而形成的。他要求法国读者认真对待这场运动，因为它已经深深嵌入"阿拉伯人的政治向往"之中。（*CAC*, 527）

加缪也受到了法国新闻界散布的错误信息流的误导。一星期以前（1945年5月13—14日），他报道说，他发现在距离海岸八百公里的最偏远的部落村庄里，穆斯林居民对法国媒体认为阿尔及利亚的动荡是一些煽动分子鼓动那些头脑简单的人使用暴力的结果的说法感到愤怒。（*CAC*, 500）[1] 从阿尔及利亚村庄里采集的这段轶事使加缪看到了他所说的"穆斯林大众"的政治觉醒。他认识到法国右翼报纸呼吁的镇压措施只能使事态恶化。（*CAC*，502）

加缪也公开抨击殖民群体的政治倾向。他提醒《战斗报》的读者，维希政府的政治在殖民地阿尔及利亚受到了最热烈的拥护，尤其是在其反动的报纸 [他曾工作过的《阿尔及尔共和报》，在较小的程度上，《奥兰共和报》（*Oran*

---

[1] 记者弗拉迪米尔·德·奥梅松（Wladimir d'Ormesson）在《费加罗报》（1945年3月8日）上发表了报道。见社论注释1，*CAC*, 500。

八 《战斗报》与解放叙事

républicain）则是一个例外]上。"民主在阿尔及利亚没有一个好的新闻喉舌,"他警告说:"这个国家的商业和财政精英与中央政府的高级公务员一起构成了最反动的政治因素。"他提醒读者不要忘记在1938年正是富裕的殖民者与阿尔及利亚市长协会扼杀了法国政府给少数阿尔及利亚人以选举权的轻度改革计划,也即所谓的布卢姆-维奥莱特提案。(*CAC*, 516)

因此,加缪1945年5月在《战斗报》上关于阿尔及利亚的报道就是要让读者醒悟。他迫切地要扭转都市居民对阿尔及利亚情况的无知,甚至向读者发问,他们是否想要"被数百万人所恨"。为避免这一局面,加缪要求读者把北非人民视为同等人。(*CAC*, 532)如1939年就第二次世界大战爆发前卡比利亚地区的饥荒所做的报道一样,加缪报道说,随着战争的结束,阿尔及利亚也急需进行根本的经济改革。

1945年6月末对现已是盟国占领区的莱茵兰(Rhineland)的一次访问与这次阿尔及利亚之行构成了鲜明的对比。在德国,加缪惊奇地发现一个农业地区的正常氛围竟然没有遭到捣毁了这个国家的工业城市的那种猛烈轰炸。在与加缪的谈话中,一位老者呼吁"基督给所有人带来的永恒和平",这一次介入只能使迷惑的年轻记者将其与德国法西斯的罪行加以对比。在文章结尾,他深有感触地说:"可怜的欧洲,在受害者与行刑者之间分裂。"(*CAC*, 560)受害者与行刑者之间的对比在加缪作品中占有突出的位置,反映了他作为记者对于道德困惑的那种言简意赅却又格式化的表达嗜好。

与此同时,随着法国在第二次世界大战中崛起,他坚定了发出道德良知的声音的立场。1945年8月6日广岛原子弹爆炸两天后,他怒斥法国、美国和英国新闻界将这一发展视为科学的伟大成就。他对所见到的场景感到愤怒,称之为媒体不体面地拼凑起来的"可怕的音乐会",并提出了另一种判断:"机械文明刚刚达到了最后的野蛮程度。"(*CAC*, 569)

反对佛朗哥政府是加缪成为名人的另一个原因,在1944年9月到1945年8月之间他在《战斗报》发表了八篇重要文章。西班牙深深触动了他。[1] 在题为《我们的西班牙兄弟》(*Nos frères d'Espagne*,1944年9月7日)的一篇社论中,他写了"这个没有平等的民族"。(*CAC*, 174)加缪不放过任何机会论证欧洲的第二次世界大战开始于1936年的西班牙,那些与佛朗哥斗争的人来法国避难后被置于监控之下,他认

---

[1] 见莱维-瓦朗西(Lévi-Valensi)的社论注释2,*OC*, Ⅱ, 1300。

八 《战斗报》与解放叙事

为这令法国蒙羞。他还谴责法国在 1938 年没有预见到西班牙的影响将向北方蔓延。他尤其提到"避难"这个词,它将在第二次世界大战中的法国具有如此"粉碎性的意义"。(*CAC*, 232) 维希政府对待西班牙避难者的方式是一种耻辱,因为他们被迫做出选择,要么被遣返西班牙,要么被编入为纳粹政权工作的工人队伍之中。慷慨激昂的加缪指出了法国在对待反对独裁者的立场上表现出的矛盾性,呼吁终结这种双重标准,据此"一个国家……高歌共和和自由,却迫害那些骄傲地保护这些价值的人"。(*CAC*, 235) 1944 年 10 月 20 日,他还警告说,佛朗哥政府仍有再次触发法西斯的危险,他报道说,大约有四万德国人逃到了西班牙,重新组合以便向马德里政府施压。

加缪坚持需要广泛的反法西斯斗争,在 1945 年 1 月 7—8 日的社论中批评盟国与佛朗哥政府建立外交关系。他的抨击是猛烈的,但他反驳了有关他在西班牙问题上表现出过度热情的指责,他恳请读者看到法国必须避免给佛朗哥提供体面的机会,他给佛朗哥贴的标签是"我们与之战斗的一切"的同谋。(*CAC*, 437)

1944 年 8 月以后的日子里,新的《战斗报》发刊,加缪全身心投入,每日都有文章发表。但从 1945 年 1 月起,加缪尽管继续为该报写稿,却逐渐疏远了。

私人生活中,巴黎的解放意味着他与妻子团聚,1944年10月,弗朗辛从阿尔及利亚来到巴黎。他们在安德烈·纪德在瓦诺街的公寓里住了一段时间——纪德本人去了阿尔及尔,所以把公寓让给了加缪。加缪在《战斗报》挣得的工资很少,《局外人》的销量在战时也很有限,所以他"很有名但不富裕"[1]。首都的食品和燃料也短缺,当纪德回到巴黎后,衣食住对他和弗朗辛来说成了问题。当1945年9月加缪当了爸爸——弗朗辛生下了双胞胎卡特琳(Catherine)和让(Jean)——他们搬到了巴黎郊外的万塞讷(Vincennes)附近。翌年,1946年12月,他们才搬回城里,在塞吉埃街属于伽利玛家族的一个公寓里住了下来。

此时,《战斗报》已经开始衰落。产生于抵抗运动的大部分报纸都随着抵抗运动理想主义的式微而趋于相同的命运。[2] 面对《战斗报》发行骤减,加缪自1945年11月15日发表最后一篇社论后,为了促销,他一年内撰写了一系列知

---

[1] Patrick McCarthy, *Camus* (New York, 1982), p. 204.

[2] 见历史学家米歇尔·维诺克(Michel Winock)的评论,转引自 Guérin, 'Combat', p. 165。

名度较高的文章。[1] 这些文章被视为对"恐惧的世纪"的反思，置于"既非受害者亦非行刑者"的栏目之下。加缪描写了"尽享暴力和谎言"的上百万欧洲人（*CAC*, 611），此时围绕战后清洗的争论在舆论上已经倾向于他这一边，于是他重申了反对任何死刑制度的立场。他反思说现代机械时代使屠杀变得容易了，使人们看不到杀戮的后果。

加缪为《战斗报》所写文章的道德意味并不是每个人都喜欢的，而对那些把他的思想当作乌托邦而打发掉的人，他反对说，让国家合法使用杀戮才是一个更加危险的乌托邦思想。"拯救生命"（*CAC*, 613）成了他的口号，他请读者想象，国家恐怖的垮台随之而来的是"意识形态的终结，换言之是绝对乌托邦的垮台，他们以自身付出的代价在历史中终结自身"。（*CAC*, 621）加缪就这样为"意识形态终结"的咒语提供了早期范式，这是第二次世界大战后随着法西斯主义的失信而到来的。在这个系列的最后一篇文章——《走向对话》（1946年11月30日）——中，他劝告读者坚信"词语比子

---

[1] 1947年春，在帕斯卡尔·皮亚辞职后，在一个短暂时期内，加缪曾为《战斗报》工作，政治上转向戴高乐。

弹强大"。(*CAC*, 643) [1]

除了新的家庭责任、为报纸撰写文章以及为伽利玛出版社审稿,加缪还试图腾出时间写小说。"拯救生命"的呼吁在《战斗报》上发出了声音,同时在《鼠疫》中也有回声。加缪现在要完成这部小说,这是他写作生涯中的一个新起点,即反抗系列(以补充之前的荒诞系列)。《鼠疫》的写作可以追溯到战争期间,现在他为此感到了在后来的文学创作中越来越明显的那种焦虑。

1946年3月,他作为法国文化部的客人去北美做讲座和访问,小说的写作因此中断。他离家几乎三个月。在纽约,他受到法国文化参赞人类学家克劳德·列维-斯特劳斯(Claude Lévi-Strauss)的欢迎。他在哥伦比亚大学、瓦萨学院、韦斯莱学院和其他东部大学讲学,《时尚》杂志的塞西尔·比顿为他摄影。他在纽约时也目睹了斯图亚特·吉尔伯特(Stuart Gilbert)英译的《局外人》的发行,由艾尔弗雷德·克诺夫(Alfred Knopf)出版。[2]

---

[1] 见 J. Guérin, 'Ni victimes ni bourreaux', in *Dictionnaire Albert Camus*, pp. 610–613。

[2] 见 Herbert R. Lottman, *Albert Camus: A Biography* [1979] (Corte Madera, CA, 1997), chapter 29, 'New York', pp. 397–417。

八 《战斗报》与解放叙事

回到法国后，加缪开始完成《鼠疫》。他住在米歇尔·伽利玛（Michel Gallimard）母亲在法国西部樊迪（Vendée）的家里，紧锣密鼓地写了一个月。到1946年9月，他已经有理由对朋友路易·吉尤说他完成了这部作品的写作，尽管他表示其质量仍然不尽如人意："我把它放在抽屉里，感觉有点令人作呕。"[1] 几天以后，吉尤回信承认对这样一个作品需要付出努力，并坦言当他自己写作他的重要小说《艰涩的胜利》（*Le Sang noir*）时，他都感到死去了。[2]

当年晚些时候，加缪把小说寄到圣布里厄，吉尤蜗居在那里为《鼠疫》提出修改建议。12月，巴黎的加缪和布列塔尼的吉尤通过一次电报，说那疯狂的阅读和修改终于完成了。吉尤降低了自己的角色，说他过多地对小说草稿中的细节进行了修改。但心存感激的加缪在12月27日的回信中报告说他采纳了全部的修改。[3] 加缪专心于《鼠疫》中共同感受痛苦的主题，把其他人的痛苦比作叙述者伯纳德·里厄的痛苦。"这是这本书的秘密，"他对吉尤坦言道。《战斗报》

---

[1] Albert Camus and Louis Guilloux, *Correspondance, 1945–1959*, ed. Agnès Spiquel-Courdille (Paris, 2013), p. 48.

[2] Ibid., pp. 51–52.

[3] Ibid., p. 88.

公开直率的道德语言在小说中找到了新生命。

加缪在给吉尤的信的结尾说,那天上午他已经把打印稿寄给了伽利玛的生产科。他为书稿的脱手而长吁了一口气:"现在对我来说是一团迷雾,但我解脱了,只是因为有了你我才完成了它的写作。"[1] 在给吉尤的赠送本上,加缪写道:"献给路易·吉尤,因为本书某些部分是你写的。爱你的老哥。阿尔贝·加缪。"[2]

---

[1] Albert Camus and Louis Guilloux, *Correspondance*, 1945–1959, ed. Agnès Spiquel-Courdille (Paris, 2013), p. 88.

[2] Ibid., p. 154.

九 "一次缓慢发生的灾难"

战后与共产党的争论将证明是加缪生涯的分水岭。1946年12月12日,他是一个作家和记者团体的成员——这个团体中有雷蒙·奎诺(Raymond Queneau)、让-贝特朗·蓬塔里(Jean-Bertrand Pontalis)、西蒙娜·德·波伏娃、雅克-洛朗·博斯特(Jacques-Laurent Bost)和亚历山大·阿斯特吕克(Alexandre Astruc)——他们常常在鲍里斯(Boris)和米歇尔·维安(Michelle Vian)在富堡-普瓦松街的家里聚会。聚会中有一个年轻的哲学家,当时倾向于共产主义信仰,他就是莫里斯·梅洛-庞蒂(Maurice Merleau-Ponty)。他刚刚评论了阿蒂尔·克斯特勒(Arthur Koestler)在《现代》(*Les Temps modernes*)杂志上的《瑜伽修行者与人民委员》(*The Yogi and the Commissar*),《现代》是第二次世界大战后萨特创办的左翼杂志。[1]

---

[1] 《现代》第一期于1945年10月15日面世。

克斯特勒的著作出版于1945年，涉及的问题加缪将在《反抗者》中再度讨论。[1]这是意识形态争论相当激烈的一个时期。克斯特勒本人曾是共产党人，对他来说，标题中的瑜伽修行者与人民委员是两个极端。人民委员想要"从外部改变"，相信通过改造经济生产和分配制度，"所有人类寄生虫"都会被根除。[2]在鲜明的对比之下，瑜伽修行者拒绝一切暴力，认为"结局是不可预测的"，并强调社会改造的工具的重要性。人民委员的社会视野是经过训练的，而瑜伽修行者渴望绝对。克斯特勒对二者都提出了警告：对苏联的人民委员，他引用了布莱兹·帕斯卡的话——"人既不是天使也不是野兽，人的痛苦就在于他既扮演天使又扮演野兽"[3]；关于瑜伽修行者的立场，他引用了甘地面对第二次世界大战期间日本的侵略而采取的非暴力主义。

在对克斯特勒的评论中，梅洛-庞蒂把有关道德纯洁和内心生活的讨论斥为烟幕弹。此外，在克斯特勒激发的人

---

[1] 梅洛-庞蒂的评论文章《瑜伽修行者与人民委员》1947年1月首次发表于《现代》，重印于他的 *Humanisme et terreur: Essai sur le problème communiste* (Paris, 1947)。

[2] Arthur Koestler, *The Yogi and the Commissar and other Essays* [1945] (London, 1947), p. 9.

[3] Ibid., p. 12.

九 "一次缓慢发生的灾难"

文主义与反共产主义的联合中,梅洛-庞蒂把他所看到的一种具有诱惑力的表象和一种不太令人接受的现实区别开来,把"他们所宣称的道德,属于天界的毫不妥协的道德,与他们所实践的道德,完全属于这个世界、甚至隐藏的道德"区别开来。[1] 具体到与不列颠的关系——克斯特勒的书就是在那里出版的——梅洛-庞蒂坚持认为在社会主义和民主话语与这个国家对其宗主国的剥削之间存在着巨大分歧。[2] 梅洛-庞蒂对克斯特勒批判的核心是他对西方人文主义的怀疑以及毫不妥协的道德语言。

这种意识形态战争为1946年12月在维安家的聚会提供了背景。这次聚会掀起了一场风暴。加缪痛斥梅洛-庞蒂,认为他的政治立场是隐蔽地接受苏联的审判。接着发生了令人惊奇的一幕,加缪旋风般地跑了出去,萨特和雅克·博斯特追了出去,企图劝他回来。在日记中,加缪记下了"一种无法忍受的孤独"。(*OC*, II, 1076)

关于共产主义的激烈争论早在战争期间就开始了,在加缪这里,激烈争论的高潮是在《反抗者》于1951年发表后不久,吞没了这部小说的那场吵闹。多年以后,萨特回顾了

---

[1] Merleau-Ponty, *Humanisme et terreur*, p. 186.
[2] Ibid., p. 188.

1948年12月3日,加缪在巴黎的萨尔·普莱耶尔(the Salle Pleyel)群众集会上参与竞选,支持自称是"世界的公民"的美国社会活动家加里·戴维斯(Garry Davis)

那天晚上在鲍里斯家颇具讽刺意味的对峙。他试图调和两个朋友之间对立的政治立场:"我在梅洛的右边,在加缪的左边。"他还回忆说,这两个作家后来都责怪他与共产党的同盟——梅洛-庞蒂1953年辞掉了《现代》的工作——两人至死都没有为所发生的事接受调解(梅洛-庞蒂1961年突然逝世,恰好在加缪车祸去世一年后)。[1]

《反抗者》发表后,1952年加缪与萨特的争论将成为战后法国文化中知名度最高的争论之一。两位对手的背景的区

---

[1] Jean-Paul Sartre, *Situations*, IV (Paris, 1964), pp. 215–216.

九 "一次缓慢发生的灾难"

别大得不可能再大了。萨特的知识储存来自声名显赫的施维策尔（Schweitzer）家族，这与加缪在贝尔库的家庭背景构成了鲜明对照。萨特曾是巴黎高师的一位学哲学的高才生，而加缪则是一位文化局外人，来自阿尔及尔的幽默的小无赖，1975年萨特七十岁生日接受"自画像"采访时就是这样描述加缪的。

回顾以往，萨特记得战时他遇到的加缪很风趣，很有生存能力，而且没有意识到自己是一个伟大的作家。他回忆说当四个人聚在一起，弗朗辛·加缪和西蒙娜·德·波伏娃两人常常为男人们使用的粗俗语言和古怪动作装作吃惊。但是，永远明白自身价值的萨特还说，每当知识探讨变得复杂时加缪就会惊恐不安。[1] 然而，在20世纪40年代巴黎的文化舞台上，这位法裔阿尔及利亚人却成了这位局内人的对手。他们在许多方面构成竞争：小说创作、新闻、哲学、文学批评和戏剧。他们是"当时法国文学舞台上的两位男高音"。[2] 这种竞争在1952年彻底闹翻之前有时竟然成为佳话。西蒙娜·德·波伏娃讲过这样一个故事：1949年12月15日加缪

---

[1] Jean-Paul Sartre, *Situations*, x (Paris, 1976), p. 196.

[2] 见 Annie Cohen-Solal, *Sartre, 1905–1980* (Paris, 1985), p. 433。

的《正义者》(*Les Justes*)首演，一个女仰慕者在演出后跑到加缪面前。她没有注意到萨特就在加缪身边，于是说他的戏比萨特的《脏手》好上许多。反应像闪电一样迅速的加缪马上用目光暗示萨特也在场，并以讥讽的微笑对那女人说："你真是一箭双雕啊！"[1]

但就《反抗者》而言，争论中却没有佳话可言。争论的激烈反映了当时法国意识形态的紧张，战后时期在共产党同情者与非共产主义左派之间出现了分裂。乔治·奥韦尔（George Orwell）的讽刺作品《动物庄园》(*Animal Farm*, 1945) 也是这场意识形态争论的组成部分。在法国，共产党在反法西斯的抵抗运动中起到了重要作用，共产党的确是一股不可低估的力量。国人也强烈意识到苏联在第二次世界大战胜利中做出的贡献，也就是前共产党员埃德加·莫兰（Edgar Morin）所说的"斯大林格勒效果"。[2] 毫不奇怪，当时的文学和新闻强化了这种意识形态反应，与此相左就会被

---

[1] Simone de Beauvoir, *La Force des choses* (Paris, 1963), p. 215.

[2] E. 莫兰（E. Morin）写于《自动批判》(*Autocritique*, Paris, 1959)。转引自 Maurice Weyemberg and Raymond Gay-Crosier in their editorial presentation of *L'Homme révolté, OC*, III, 1221。

九 "一次缓慢发生的灾难"

看作是异端。[1] 然而，苏联集体农庄内幕的曝光使得加缪在1949年开始批评《现代》的含混立场。[2]

在写作《反抗者》的大部分时间里，加缪都在患病。1949年秋，他肺结核复发，给诗人朋友勒内·夏尔（René Char）解释说，他必须卧床休息六个星期，之后数月都要住在半高原的地区。他感到这种隐退很糟糕。"我想要**和人民在一起**，"他强调说。[3]

夏尔祝贺加缪《正义者》在巴黎赫伯托剧院首演成功，此戏由塞尔日·雷贾尼（Serge Reggiani）和玛丽亚·卡萨雷斯主演。该戏连续上演六个月。表现的是1905年沙皇俄国的革命者面对的困境，即是否使用暴力作为实现政治变革的手段。梅洛-庞蒂认为有些政治暴力能使社会进步，这是加缪坚决反对的一种立场。这大部分都体现在他对《反抗者》的反思之中。

由于健康原因，1950年的大部分时间他都在海拔高度有

---

[1] 见 Weyemberg and Gay-Crosier, *OC*, III, 1221–1222。

[2] 见 Steven Ungar, '1945, 15 October: Rebellion or Revolution?', in *A New History of French Literature*, ed. Denis Hollier (Cambridge, MA, 1994), pp. 972–977。

[3] Albert Camus and René Char, *Correspondance, 1946–1959*, ed. Franck Planeille (Paris, 2007), p. 49. 斜体为原文所加。（本译本采取粗体——译者注）

利于康复的地方度过。他在卡布里（Cabris，阿尔卑斯山海拔500米高的海洋性气候地区）、在接近德国边界的孚日山以及萨瓦（Savoie）住了一段时间。在4月从卡布里写给夏尔的信中，他描写了孤身一人住在旅店里，几乎没有与人接触的情景，"一个星期没有张嘴说话了"。[1] 几个星期以后，他写道："一年来每一件事情对我来说都是可怕的。"[2] 1950年9月，他对夏尔解释说他不能再等了，必须完成《反抗者》："我还愚蠢地想象生命将会重新开始呢。"[3] 1951年2月末他描述了痛苦地完成手稿的经过，回到卡布里时，他对夏尔坦言："一个月来我没有停笔。完全的孤独和要完成它的意志意味着我每天伏案十小时。"他还阴郁地说："分娩是漫长和困难的，而在我看来，婴儿的确很丑。压力在减轻。"[4] 到1951年3月7日，他完成了《反抗者》的第一稿。

在前言中，加缪谦虚地表示仅仅通过这部作品提出"一些历史建议"，提供一个"工作设想"。它将是许多分析"时

---

[1]　Albert Camus and René Char, *Correspondance, 1946–1959*, ed. Franck Planeille (Paris, 2007), p. 63.

[2]　Ibid., p. 68.

[3]　Ibid., p. 73.

[4]　Ibid., pp. 79–80.

九 "一次缓慢发生的灾难"

代的过渡"的尝试的一种,即加缪所标示的"欧洲傲慢的……奇异历史"。(*OC*, III, 70)他大胆地采用道德语言,追问人类是否能够拒绝杀戮的国家逻辑,按照这个逻辑,半个世纪内已有七亿人被杀害。在他提议的针对谋杀占据"特权地位"的反抗中(*OC*, III, 65),加缪把个体视作有建设性的群体。他重写了笛卡儿的"我思故我在",提出"我反抗故我们在"。(*OC*, III, 79)

与汉娜·阿伦特(Hannah Arendt)在《极权主义的起源》(*The Origins of Totalitarianism*, 1951)中既否认斯大林主义又拒绝纳粹主义一样,加缪提出极权主义思维与左翼和右翼都有联系。《反抗者》的左翼读者被这种综合惹恼了。在把法西斯主义作为"非理性恐怖"的表现的同时,《反抗者》也把斯大林主义看作是理性恐怖主义的创造,其试图以通过创造一个理想世界的方式来根除一个可能堕落的秩序。在加缪看来,这等于是一种谋杀性乌托邦主义。在第三部分结尾,加缪发出了人文主义的呼喊:"不要通过杀戮和死亡来生产我们并非是的存在,我们必须活着,也让别人活着,以创造我们之所是。"(*OC*, III, 277)

在文化领域,《反抗者》所针对的是作者视为"扼杀自由"的虚无主义的各种表现及其影响。(*OC*, III, 130)加缪就诗人阿蒂尔·兰波（Arthur Rimbaud）在阿比西尼亚持枪之事提出抗议，认为超现实主义及其前身都是少年虚无主义的表达。就19世纪诗人孔特·德·洛特雷阿蒙（Comte de Lautréamont）的《马尔多罗之歌》（*Les Chants de Maldoror*），他粗鲁地写道：它不过是"关于邪恶的真正连祷"。它歌颂"犯罪的圣洁"，第二首歌的第二十节"开始了……真正的关于犯罪和暴力的教育学"。（*OC*，III，132）毫不奇怪，加缪论述洛特雷阿蒙的部分在先于书发表的时候，就引起了著名超现实主义者安德烈·布雷顿（André Breton）的强烈不满。[1]《反抗者》全书发表之后，布雷顿对该书发表了深度评论[《艺术》（*Arts*），1951年11月16日]。几天后，加缪写了《反抗与顺从》（*Révolte et conformisme*）一文作为回应。

加缪把矛头指向了一连串的文化立场。从欧洲政治和社会史中，他拣选了法国革命的弑君、马克思关于新社会秩序的预言、斯大林在苏联的统治，以及国家社会主义所代表的国家恐怖主义。通过回忆1942年6月纳粹在捷克利迪策村灭绝性的大屠杀，他举此为非理性恐怖的例子，并将其与

---

[1] 见《艺术》杂志（1951年10月12日）。

九 "一次缓慢发生的灾难"

欧洲殖民历史联系起来，说在这些殖民地也发生过类似过度的恐怖事件（1857年在印度的英国人，1945年在阿尔及利亚的法国人——后者指塞蒂夫和盖勒马事件）。这些都是欧洲犯下的滔天罪行，"实际上遵循的是相同的种族优越论的非理性偏见"。（*OC*, III, 219）加缪就这样从欧洲政治、经济和文化史中抽取例证而成功地进行了拼贴。

从侵略史中释放出来，这是他所建议的对抗"多少世纪以来的喧嚣与愤怒"之法。（*OC*, III, 180）补救的方法，他认为，就在反抗之中，他将此定义为人类"拒绝被当作物体、拒绝被纯粹减缩为历史"。（*OC*, III, 276）加缪粗线条的勾勒充满了战斗气息，又反映出他为《战斗报》工作之时的风格。

战后文化界在意识形态上的分崩离析使得《反抗者》唤起了多种相互对立的反应。右翼报纸表示同情，1951年11月24日《费加罗文学报》（*Le Figaro littéraire*）刊登了让·盖埃诺（Jean Guéhenno）的文章，称该书为"战后最伟大的著作之一"。这番赞扬对加缪来说反倒给他带来了危险。1951年12月末，他在日记中写下了不祥的预感："我在耐心地等待着一场缓慢而即将发生的灾难。"（*OC*, IV, 1119）

《反抗者》发表后的几个月里，《现代》始终未能确定由谁来评论这本书。最后,这项任务交给了法国抵抗运动的一个年轻的前成员弗兰西斯·让松(Francis Jeanson)。在一篇冗长艰涩的叙述中,让松批评加缪对历史的攻击。他还批评了加缪的写作方法,认为该书在讨论像马克思这样的大人物时没能引用原始出处。多年以后,在一次采访中,让松评论了他所看到的加缪的地中海式的超然气质,对生活在大都市法国、政治上献身于法国共产主义事业的工人阶级不甚关心。加缪对让松的评论极为气愤,写了一篇愤怒的回应寄给了萨特,并非常正式地称他为"总编先生"。该文1952年8月刊登于《现代》。

该杂志同期还刊登了萨特的一篇尖刻的回应。他谴责加缪把"阴郁的自重和软弱混合起来",使别人不敢对他坦言。加缪在《反抗者》中提议用"地中海方式"来解决欧洲的虚无主义,但萨特认为这种说法无非是拒绝继续争论。他把阅读加缪的信(并不是直接写给让松的),比作观看伦勃朗的《尼古拉斯·杜尔博士的解剖学课》(*The Anatomy Lesson of Dr Nicolaes Tulp*),威严的加缪是医生,让松是正在被解剖的尸体。萨特责怪加缪过分注重自己的尊严:他想知道,批评加缪似乎就是剥夺他声称代表的穷人的权利。在《现代》的主编眼里,《反抗者》的作者是在玩弄读者,就像律师在

九 "一次缓慢发生的灾难"

对穷人说:"'他们是我的兄弟'一样,因为这些话只是为了博得陪审团的眼泪。"[1]

萨特的文章浸透着毒液。他只字不提加缪在阿尔及尔的工人阶级出身,坚持说他现在浑身上下都和让松和萨特一样是十足的资产阶级,童年的苦难被认为完全与他无关,萨特谴责他的对手自负、夸张,和其圣文森特·德·保罗(Vincent de Paul)式的正直。萨特反对说,加缪有什么权利把让松排除在争论之外,其道德愤怒已近乎某种形式的种族主义:"你是**谁**,竟离得如此之远?"[2]

断言加缪疏远工人阶级将使他成为《高尚者共和国》(*The Republic of Noble Souls*)中的公共迫害者,这并不是当加缪着手《堕落》(*La Chute*)时他所记得的唯一毁谤。萨特粗鲁地说,我没有提及我的对手如何看待我的哲学著作《存在与虚无》,因为那超出了他的理解力:"你不能容忍在思想上受到挑战。"[3]萨特的恶毒中含有利己主义和谵妄的成分。

除了个人的怨恨,萨特还驳斥加缪关于《现代》未能讨论苏联集体农庄问题的批评。萨特举很多文章为例,文中的

---

[1] Sartre, *Situations*, IV, pp. 91–93.
[2] Ibid., p. 98. 斜体为原文所加。(本译本采取粗体——译者注)
[3] Sartre, *Situations*, IV, p. 108.

确讨论了苏联的问题。萨特还抗议西方资产阶级的不诚信，抱怨法国反共产党团体对土库曼斯坦劳改营状况的发现反倒很高兴，因为这为恐吓共产主义卫士提供了所需的弹药。[1]

萨特回应中对加缪以往成就的任何赞许都是深思熟虑过的，以突出他当下的孤独。萨特承认，这个对手敢于公开批评佛朗哥政府，发起运动反对法国殖民主义政治，有权对苏联集体农庄提出抗议。实际上，他赞扬了加缪1945年以前取得的成就，不仅是文学领域的成就，还有对抵抗运动的参与。萨特承认这种参与标志着对历史的深度参与："你对生活（与历史的接触）比许多人（包括我在内）都更深入更全面。"[2] 加缪扮演的这个角色多年来一直是"阶级间团结的象征和证明"。[3] 但是，令萨特不愉快的是，《给一位德国朋友的信》的作者认为对历史的参与是必要的但却临时地偏离了正轨——加缪谴责他想象中的德国对话者想要迫使他进入历史。对于萨特，正如对于让松来说，分界线是清楚的：与加缪的厌烦相比，他们把历史作为一股力量，这是人类经验所无法逃避的。人是通过阶级冲突的机制由其他人来塑造

---

[1] Sartre, *Situations*, IV, p. 105.

[2] Ibid., p. 115.

[3] Sartre, *Situations*, IV, p. 118.

九 "一次缓慢发生的灾难"

的，萨特指出，他认为加缪偏离了这一点，而把面对死亡时各阶级的团结理想化了。萨特尖锐地总结说，战争中紧迫的事件使加缪成为一个与这些事件有着极其重要联系的人物：1944年他所体现的是未来，而到了1952年，他代表过去。[1]

从外部透视他们之间的冲突，雷蒙·阿隆（Raymond Aron）——第二次世界大战期间曾是戴高乐的一名抵抗战士，也是哲学家和前《战斗报》记者——则强调加缪与萨特之间的共性而非差异。在《知识分子的鸦片》（*L'Opium des intellectuels*）中，他问道，显然微不足道的差异何以会引起这么大的冲突，而这种冲突，他尖刻地说，在法国和圣日尔曼德培（Saint-Germain-des-Prés）之外几乎是无法理解的。[2] 萨特和加缪都不是共产党员，也不是大西洋主义者，阿隆论证道，他们都看到了双方的邪恶。[3] 加缪痛斥的是共产党的东方和资本主义的西方，阿隆继续说，而萨特则为西方感到羞辱，即便他没有否认斯大林治下的苏联现实。在阿隆看来，萨特和加缪都不是政治家——笔是通往行动的路径，不管萨特怎样反对共产党的敌人，20世纪50年代初的法国共

---

[1] Sartre, *Situations*, IV, p. 121.

[2] Raymond Aron, *L'Opium des intellectuels* (Paris, 1955), p. 68.

[3] Ibid., p. 65.

产党都把他视为人民的敌人。阿隆了无生趣地暗示说,在"冷战的第七年",如果这两位主角都活在铁幕背后的话,他们都会被清洗。[1]

超然并不是加缪所能容易控制的。早在1950年2月他就表达过这样一个愿望,即一旦写完《反抗者》,他就会有"存在和表达的自由"。[2]《现代》对该书的伤害是值得的。加缪也赢得了一些重要思想家的支持,包括汉娜·阿伦特和保罗·里克尔(Paul Ricoeur)。神学家艾蒂安·吉尔松(Etienne Gilson)和佩尔·亨利·德·卢巴克(Père Henri de Lubac)也表示支持。但是,与萨特和《现代》的争论给加缪的职业生涯蒙上了一层阴影,并在很多方面影响了他的职业生涯。这是一场殊死斗争,他对妻子弗朗辛说他"为了这本破书付出了惨重的代价"。[3] 这对他来说是极大的公开侮辱。其他杂志也登载了抨击《反抗者》的文章——《艺术》上有我们前面提到的安德烈·布雷顿的抗议,此外还有右翼周刊《十字路口》(Carrefour)和极右的《李瓦罗尔》(Rivarol)。

---

[1] Raymond Aron, *L'Opium des intellectuels* (Paris, 1955), pp. 62–64.

[2] Camus and Char, *Correspondance*, p. 56.

[3] 1959年9月5日信, Olivier Todd, *Albert Camus: une vie* (Paris, 1996), p. 573。

九 "一次缓慢发生的灾难"

这一整个插曲给加缪留下的是比以往更加厌倦的在圣日尔曼德培的生活。"1952 年 9 月……巴黎是片丛林,野猫邋遢肮脏,"他在日记中写道。(*OC*, IV, 1146)正如玛丽亚·卡萨雷斯对墨西哥诗人奥克塔维奥·帕斯(Octavio Paz)所坦言的,加缪私下里"像一头受伤的公牛"走来走去。[1] 1952 年 8 月 9 日在从勒帕奈利耶寄给路易·吉尤的信中,他说他极度悲伤:"我彻底绝望了。"[2]

---

[1] Bernard-Henri Lévy, *Le Siècle de Sartre* (Paris, 2000), p. 414.

[2] Albert Camus and Louis Guilloux, *Correspondance, 1945–1959*, ed. Agnès Spiquel-Courdille (Paris, 2013), p. 131.

十 语战在继续

1945年夏，在巴黎伽利玛老宅第一次见面后，吉尤和加缪就结下了牢固的友谊。那年12月，加缪写信给来自圣布里厄的作者，说他有"一百个理由与你接近，我希望生活能让我向你证明这一点"。[1] 他们来自类似的社会背景。两人都投身于工人阶级的事业，起初都是共产党员，后来都感到失望。加缪把《反抗者》题献给吉尤，说他是"少数几位懂得此书对我意味着什么的人之一"。[2]

早在1939年9月，当为《阿尔及尔共和报》工作时，他就开始连载吉尤的《民宅》。在阿尔及尔上中学的时候，让·格勒尼埃推荐他读此书以后他就始终爱不释手。但审查官不久就介入了，如我们已经看到的，他们禁止了一部

---

[1] Albert Camus and Louis Guilloux, *Correspondance, 1945–1959*, ed. Agnès Spiquel-Courdille (Paris, 2013), p. 27.

[2] Ibid., p. 154.

描写无产阶级战斗的小说。战后，加缪再次积极推进该书的出版，实际上是帮助稳定了作者的经济收入。将要创办《新观察家》(*Le Nouvel Observateur*)的记者让·丹尼尔(Jean Daniel)曾记得当时作为《卡利班》(*Caliban*)评论杂志一个年轻编辑的情形，一天，他毫无任何前兆地接到了加缪的电话。他回忆说，加缪就是"我那一代人的神"。[1] 加缪问他有多少等着审阅的稿子，丹尼尔胆怯地解释说下个月将是托尔斯泰的《伊万·伊里奇之死》(*The Death of Ivan Ilyich*)的再版。感觉到丹尼尔有些不知所措，加缪说他可不可以提个建议：先审阅路易·吉尤的《民宅》。受宠若惊的丹尼尔马上接受了这个建议，1948年2月，《卡利班》重新刊载了早在1927年就首度面世的一部著作。

加缪为《民宅》撰写了序，称赞吉尤没有夸大工人阶级的贫困。加缪说这部著作展示了一个局内人对艰难世界的了解。与他的同代人欧仁·达比(Eugène Dabit)和19世纪小说家朱尔·瓦莱斯(Jules Vallès)一样，吉尤既不吹捧"人民"，也不贬低"人民"。如让·丹尼尔多年后所说，吉

---

[1] Jean Daniel, *Avec Camus: Comment résister à l'air du temps* (Paris, 2006), p. 27.

尤家族非常适合《卡利班》这本杂志，其源自莎士比亚的刊名——其被社会排斥的内涵——都意在表明人民与文学之间的联系。[1]

加缪建议吉尤避免伤感主义和浅薄的现实主义，以便获得托尔斯泰短篇小说的效果。在加缪看来，吉尤的最大成就就是赤裸裸地展示别人的痛苦，这位"描写痛苦的小说家"让他的主人公获得了普遍认可，同时让他们经历了"最谦卑的现实"。[2] 在《民宅》中，贫困的生活被描写为缓解痛苦。关于低工资和车间里的苦役，加缪总结说，特里斯坦（Tristan）再也没有什么可以向伊索尔德（Isolde）说的了。

然而，他对吉尤的赞许也带有几分精打细算。他抱怨说，在法国贫困的世界常常由没有贫困经历的资产阶级作家来描写。在拒绝"进步的专家所草拟的"描写工人阶级的"期刊和书籍"（*OC*, II, 712）的同时，加缪视吉尤为来自异乡的部落，而愿意倾听直接经历过贫困状况的人的倾诉。或如他所说，他愿意听取那些喉咙被刀子捅过的人所讲的故事。（*OC*, II, 711-712）加缪就这样明白地阐明了关于无产阶级生

---

[1] Jean Daniel, *Le Nouvel Observateur* (25 September 2013).

[2] Camus and Guilloux, *Correspondance*, pp. 165-166.

活的特殊观点,并试图对抗马克思主义所坚信的工人阶级走向自我实现的观点。他强调说吉尤表明贫困把个体孤立起来,而不是汇成一个群体。在那种孤立中,加缪在《反与正》中看到了他自己的社会表征的镜像。在集于《流放与王国》的《沉默的人们》这篇故事中,加缪描写了工厂工人的生活,他们感到被边缘化了,他们的手工技术现在是多余的了,"他们那双粗糙的无用的手贴在满是锯末的旧裤子上"。(*EK*, 40)

　　1948年加缪为吉尤的出版物写的序再次出现于1953年发表的格拉塞(Grasset)版上,1953年正是与萨特公开闹翻的那一年。这个新语境保证这篇序言不会被忽视。在法国共产党支持下,克劳德·罗伊(Claude Roy)10月28日为《解放报》(*Libération*)撰文称加缪的序言是只有经历过贫困的人才能够写得出来的。罗伊把吉尤小说序言视为"进行煽动的小小杰作",并提出反对意见,认为贫困对于遇到它的人和处于之中的人同样是不受欢迎的。托尔斯泰、拉布吕耶尔(La Bruyère)、屠格涅夫和皮兰德娄(Pirandello)都被罗伊搬出来作为致力于这种再现的作家。[1]

---

[1] Camus and Guilloux, *Correspondance*, p. 171.

十 语战在继续

冷战氛围再次提供了动力。从让·丹尼尔那里,吉尤了解到《解放报》正激烈抨击加缪。1953 年 6 月,加缪参加在巴黎的萨尔大会议厅举办的一次会议,名声大噪,这次会议是抗议苏联军队枪杀东柏林的德国工人。[1]《解放报》继而在 1953 年 11 月 12 日发表了吉尤的一封抱怨信,同期刊登的还有克劳德·罗伊的回信。吉尤暗示说罗伊借助人们对《民宅》的赞扬来诋毁加缪。罗伊反对说出身于工人阶级并不保证你有才华,对马克思、恩格斯、萨特和路易·阿拉贡(Louis Aragon)这样的资产阶级出身的人,要追问的是他们的分析是否有根基。

罗伊接着提醒读者注意那年 7 月加缪本人的处境。加缪曾写信给《世界报》,抗议巴士底日在巴黎民族广场杀害七名北非游行者。他在信中说死者都是一种无声阴谋的受害者,牵涉多家报纸和国会议员。加缪写道,这是"不敢报上名来的一种种族主义"。(*OC*, III, 908)然而,如罗伊所指出的,加缪受到了殖民主义者的诽谤,他们认为一个欧洲人没有权利替阿拉伯人说话。对罗伊来说,加缪关于谁是穷人的最佳代言人的话题也同样冒着落入反动地重复演同一类型的

---

[1] 见 Camus and Guilloux, *Correspondance*, pp. 174–175。

角色的危险。[1]

　　西班牙是冷战拼盘中的另一块。加缪大声疾呼那里的专制干的是第二次世界大战未完成的勾当。在《战斗报》工作时，他曾公开抨击佛朗哥的统治，1952年11月30日在瓦格拉姆（Wagram）厅的一次题为《西班牙与文化》（*L'Espagne et la culture*）的演讲中，他再次抗议这个国家新近加入了联合国教科文组织。在他看来，这是给一个专制政府恢复名誉，使其获得道德声誉，以便更进一步实行专制。他抱怨道，"一小撮军事领袖和工业家"把黑手伸向莫里哀和伏尔泰的时候到了。（*OC*, III, 435）他问道，为什么佛朗哥的西班牙会被这样一个使命是发展文化和教育的组织所接受？而西班牙的真正文化传统，塞万提斯和乌纳穆诺（Unamuno）的传统，则被玷污；一个被民族主义暴力迫害的诗人，费德里科·加西亚·洛尔卡（Federico García Lorca）的作品，却成为国家审查的对象。加缪严苛地讽刺道，连西班牙都加入了联合国教科文组织，那么，如果希特勒和墨索里尼还活着，说不定他们还可以在其中谋上一两个职位呢。

　　西方支持西班牙的理由：第一，在民族国家事务中要

---

[1] Camus and Guilloux, *Correspondance*, pp. 176–179.

十 语战在继续

尊重不干涉原则；第二，法西斯西班牙在冷战时期是反共的堡垒。加缪准备了一番之后，不承认西方的这些理由。加缪想要说的是，一个法西斯专政的继续将是共产党发展的弹药库。在20世纪50年代初的欧洲，他总结说："保留一个极权主义政权意味着早早晚晚是对共产主义力量的加强。"(*OC*, III, 437)

对加缪来说，反犹太主义、法西斯主义、集中营和苏联的审判都是对"民主政治之真诚"的检验。(*OC*, III, 437)他指出，支持佛朗哥的所有政府都贬低了自身，而西班牙政府获得的尊严也不过是"联合犯罪"。他呼吁所有人，西班牙人和非西班牙人，"拒绝犯罪，无论它来自哪里"。(*OC*, III, 438)

1952年11月在为瓦格拉姆厅的听众做总结时，加缪表示，把他们联合在一起的是他们的一种意志，即抵制"隐藏在文化屏幕背后的讨价还价"。(*OC*, III, 438)他是位坚韧的倡导者，正如他那些战斗的、紧密编织在一起的观点所清晰表达的："文化协作来来去去，但文化依存。"他告诉听众："真正的文化依据真理而活，来自谎言便死。"——在法语原文中他用了头韵法，这更增强了论战性：'a vraie culture vit de vérité et meurt de mensonge.' (*OC*, III, 439)

在最后的呼吁中,加缪坚持认为文化的苗床远不是马德里监狱般的政府,也不是联合国教科文组织的玉宇琼楼。他认为,文化的苗床必须置于自由的空间之中,作家和自由人的空间,只有这样,那些把西班牙传统和文化视为"我们最伟大的课程"的人才会接受西班牙。(*OC*, III, 439)当西班牙于1955年加入联合国后,他也同样直言不讳。[1]

作为公众人物,加缪并不羞于表态——与萨特争论,反对西班牙的专制,介入东柏林的工人权益问题,北非抗议者在巴黎遭受的虐待。在冷战、殖民主义和工人阶级生活状况等大问题上,加缪专心致志,积极介入。

他为伽利玛主编了一套"希望"系列书籍,在这些作者中,西蒙娜·魏尔(Simone Weil)死后发表的著作特别优秀。魏尔的《工人阶级的状况》(*La Condition ouvrière*, 1951)讲述了她1934年末放弃教书工作,来到圣埃蒂纳雷诺(Renault)汽车厂工作的亲身体验。她出身特权资产阶级家庭。然而,在为该书撰写的短序中,加缪明确写道,这不是一个知识分子迫切需要"极端经验"的故事。(*OC*, III, 886)换言之,

---

[1] 加缪对《快报》发表的这两篇文章表示抗议。见 'Démocrates, couchez-vous!' (Democrats, lie down!) (18 November 1955; *OC*, III, 1046–1048) and 'Les Bonnes Leçons' (The Right Lessons) (9 December 1955; *OC*, III, 1056–1058)。

在加缪眼里，魏尔并非在扮演无产阶级的角色。

这些意识形态的矛盾都融入了他的小说之中。在《沉默的人们》这篇故事中，工厂工人伊瓦尔重点传达了加缪关于说与做的信息：工人感到体力不支，抱怨"那些大谈特谈体力劳动的人并不懂得他们在讲什么"。（*EK*, 39）这里对资产阶级知识分子的影射是加缪生涯中不断出现的主题。在20世纪50年代的巴黎，这意味着他自找孤立，这种情况将反映在他作为一名作家的谨慎态度上，尽管如此，他仍在公众的视野中。

十一　超越论战:"从现在起:创作"

我用绘画创造的幻觉是我内心里最真实的。余者都是流沙。

——欧仁·德拉克鲁瓦(Eugène Delacroix)[1]

就《反抗者》与萨特之间的戏剧性纠纷对于加缪是破坏性的,在此之前,他已经对在巴黎的职业生涯产生了幻灭感。哲学家保罗·里克尔后来观察道,从外省的观点看,圣日尔曼德培的巴黎似乎"像一篇肤浅的寓言"。[2] 加缪的判断则蛰伏在另一种语言中。在1951年夏的一则日记中,加缪说伽利玛出版社是"一个奇怪的地方,它应该使作家们高兴起来,然而却让人失去写作和创作的快乐"。(*OC*, IV, 1106)这是加缪作品中一个明显的自由特征,使他脱离制度

---

[1]　加缪1949年笔记,*OC*, IV, 1074。

[2]　Paul Ricoeur, *La Critique et la conviction: entretien avec François Azouvi et Marc de Launay* (Paris, 2013), p. 46.

化。"我在态度上从未特别服从这个世界和流行的观点,"(*OC*, IV, 1120)在这则日记之后不久他这样写道。

此时期他的孤立反映在他所选的作品的主题中。1952年11月,他为"名作家"系列撰写了论赫尔曼·梅尔维尔的短文。[1] 加缪极其仰慕梅尔维尔。他强调了这位美国小说家在19世纪40年代发现自己成为成功的作家之后所感到的孤立,他的《大白鲸》(*Moby-Dick*, 1851)遭到敌意的对待。加缪写道,艺术家梅尔维尔被迫进入一种"完全的沉默",到纽约海港去做文书工作。被围攻的加缪对这位前辈的认同明显见于他对梅尔维尔1856—1866这十年生活的描述之中,加缪把这段生活简化了,而主要突出了被批评家毁灭的一个作家的形象。[2]

加缪敏锐地感到随着他作为名作家而来的是孤立和疏远。在1951年的一则日记中他写道,当他听自己给广播录制的节目时,他为那种产生于厌倦的僵硬的声音而恼怒。"不管我怎样努力,巴黎都按这个样子塑造我。"(*OC*, IV, 1119)他害怕太多的时间一个人按这个样子度过。在《战斗报》的

---

[1] 出版商是 Mazenod。

[2] J.-P. Morel, 'Herman Melville', in *Dictionnaire Albert Camus*, ed. Jeanyves Guérin (Paris, 2009), p. 526.

十一 超越论战:"从现在起:创作"

日子一去不复返了,那时,与别人交往是生命的源泉。

他同样怀念剧院的集体工作,记得20世纪30年代他在阿尔及尔劳动剧院的经历。1953年6月,他投身于昂热戏剧节。他的现代法国版的皮埃尔·德·拉里韦(Pierre de Larivey)的喜剧《思想》得以上演,吝啬鬼的人物为该剧提供了主题[拉里韦改编了洛伦齐诺·德·梅迪奇(Lorenzino de' Medici)剧中的人物,莫里哀后来在《吝啬鬼》中也描写了同一主题]。同时上演的还有加缪的法文版《忠于十字架》(*La Devoción de la cruz*),这是西班牙黄金时代剧作家卡尔德龙·德·拉·巴尔卡(Calderón de la Barca)的一出戏,由马塞尔·埃朗(Marcel Herrand)导演(戏剧节开始前埃朗去世)。在昂热的城堡里上演卡尔德龙的戏剧获得了极大成功,加缪感到精神振奋。[1]

对他来说,找到艺术家的真正职责是一个迫切的问题。他在《现状之二》(*Actuelles II*)中总结了1948—1953年的"现行思考",并接受了一次名为《艺术家和他的时代》(*The Artist and His Times*)的访谈,他说作为艺术家他并没有自

---

[1] 见 Herbert R. Lottman, *Albert Camus: A Biography* [1979] (Corte Madera, CA, 1997), p. 551。

命不凡到把自己打扮成目击者。加缪不愿意人们说他是他所处时代的道德良心。作为人，他坚持认为，幸福就是做他感兴趣的事，而作为艺术家，他仍然有事要做："在没有战争和法庭的帮助下赋予人物以生命。"（*OC*, III, 451）而他所处时代发生的那些事件，用他的话说，使他与其他人没有任何区别。

维护艺术家的独立性是他对《反抗者》遭到《现代》抨击的回应。加缪坚持道，艺术家没有必要介入他们所处时代的事件，而作为人，他们必须介入；他列举了矿工、"集中营里的奴隶"（指苏联的）和"殖民地的奴隶"的例子。（*OC*, III, 453）

加缪说从他最早的作品开始，他就表示与"被侮辱和被践踏的人"站在一起。（*OC*, III, 454）对他来说，在孤独作家的创作中和人类的创造中所发现的价值不是相互排斥的，他举出很多例子说明能够平衡和保持这些价值的作家：莫里哀、托尔斯泰和梅尔维尔。他继续说，他所处时代的艺术家，可能会隐退到象牙塔的孤独之中，或者参与"社会教会"。但这两种诱惑都必须抵制：艺术家的"长期忍耐"不至于使艺术"到处树敌"，但同时也把社会自由的表达密封起来了。（*OC* III, 454–455）

十一 超越论战:"从现在起:创作"

公共论战耗尽了加缪的精力。在日记中他写道:"1953年10月:《现状之二》发表。大功告成:不再有评论和论战。从现在起,只有创作。"(*OC*, IV, 1179)[1] 然而,不管多么渴望,回归艺术证明是困难的。1953年秋,他妻子弗朗辛患了抑郁症,并将持续一年。对加缪来说,这是一个混乱的时期,有一段时间他无法动笔。实际上,《反抗者》发表后的几年里就实际发表而言,他的文学产出很少。

逐渐地,20世纪50年代初他所经历的一部分危机开始进入他的文学创作之中。1957年发表的《流放与王国》中六篇故事都题献给了弗朗辛。这是一系列严谨的叙事,主题是流放,直义的和隐喻的探讨都有。其中一篇具有强烈的自传色彩,《约拿,或工作中的艺术家》(*Jonas ou l'Artiste au travail*),讲一个画家住在巴黎,他的艺术成功给他留下的是深切的异化。一个朋友拉托(Rateau)谈到了艺术家的粉丝:"他们想让你静静地站着,像雕像一样……不让你活着。"(*EK*, 67)作为加缪笔下的艺术家,约拿被名誉所模式化,他的困苦在于他不能把艺术和生活协调起来。约拿谈

---

[1] 见 Pierre Grouix, '*Actuelles* II', in *Dictionnaire Albert Camus*, p. 21。1951年末的一则日记也表明加缪想要"完全克制……论战",拥抱"创造"和"证实"。(*OC*, IV, 1121)

到他创造力的丧失如何导致妻子的精神抑郁,他自己如何变得女性化和陷入孤独。妻子的困苦使得艺术家明白他没法控制绝望的经验:"他们生活中的摩擦也如此深刻地影响到她。"(*EK*, 78) 故事结尾,一个精疲力竭的约拿决定不再作画了,与周围的人重新建立起联系,看到了新生活的一线生机。

彻底抛弃写作是加缪在 20 世纪 50 年代认真思考过的。1957 年 8 月,《流放与王国》发表后的几个月里,他在塔尼(Tarn)地区的科尔德住了一段时期,当时的日记这样写道:"对我的职业的压倒式的怀疑。我在认真考虑放弃的可能。"(*OC*, IV, 1261) 这不是空洞的修辞。毫无疑问,一想到马上就要回巴黎,他就沮丧地问作家究竟为谁写作。他看到文学圈里都是些吝啬平庸之辈,在资产阶级社会里则更加普遍,每人每年读书不超过两本,而且还碰巧是时髦的书。他抱怨这种"让我感到不高兴的不断努力",考虑做戏剧是否是解决的办法。他补充说,比他更有为的作家也都放弃了写作。

在准备《流放与王国》中的故事时,加缪把阿尔及利亚放在了醒目的位置。1952 年 12 月他去了一趟阿尔及利亚,访问了奥兰和阿尔及尔,还独自乘汽车到内地旅行,访问了拉谷阿(Laghouat)以及南部姆扎布(Mzab)地区的嘎达雅。

十一 超越论战:"从现在起:创作"

20世纪50年代阿尔及利亚荒漠上的嘎达雅市场,瑞士摄影师亨丽埃特·格林达(Henriette Grindat)摄。格林达曾与加缪和勒内·夏尔进行过图文合作,后来以《太阳的后代》(*La Postérité du soleil*)为题出版

旅途中他构思了故事集中个别故事的情节。1954年2月,阿尔及尔的帝国出版社发表了其中一个故事的插图版,即《通奸的妻子》(*La Femme adultère*)。加缪故事中的女主人公雅尼娜(Janine)重提了欧洲在阿尔及利亚的地位问题。在去南方的一次旅行中,雅尼娜敏锐地意识到她与本地人和本地风光的隔阂。故事标题暗示的这种不忠就派生于她要与本地

人建立联系的越轨渴望。

如果加缪要实现《艺术家和他的时代》中的主题，随着阿尔及利亚事态的发展，这种关注必将加深。1954年11月，阿尔及利亚独立战争爆发，1955年3月31日法国宣布阿尔及利亚进入紧急状态。加缪在《流放与王国》中戏剧性地描写了欧洲居民的居住地，这篇故事名叫《来客》（*L'Hôte*），但题目是含混的，因为原文L'Hôte既可以表示客人，也可以是主人。故事探讨的问题是：阿尔及利亚是谁的家？故事中三个男性人物相并置：欧裔阿尔及利亚人即警察巴尔杜奇（Balducci），他用种族主义的话语讨论被指控谋杀的阿尔及利亚穆斯林囚犯，并将其交给达吕（Daru），后者是法裔阿尔及利亚人，在穷乡僻壤当小学教师，过着简朴的生活，并在饥荒时接济穆斯林学生。加缪把达吕这个角色理想化了，他是一个优秀的欧洲人。他给阿拉伯囚犯提供住处，尽管不太情愿，后来他自己也成了受害者：他受到当地阿拉伯人的死亡威胁，因为他们错以为是他把他们的阿拉伯兄弟交给了警察。在小说的"共鸣箱"中，达吕和加缪遥相呼应，20世纪50年代法裔阿尔及利亚人的自由心态得到了自由的表达。

北非的暴力再次成为《流放与王国》中另一篇故事——《叛徒》（*Le Renégat*）——的焦点。这篇充满戏剧性的故事

十一 超越论战:"从现在起:创作"

讲一个欧洲传教士与非洲一个异教部落的接触,提供了关于种族间暴力和突变的一个混乱的思考。加缪首先于1956年6月在《新法国杂志》上以《混乱的心灵》(*Un esprit confus*)为题发表了这篇故事。仅就其难以逃避的阿尔及利亚战争和对作为种族隔阂形式的暴力进行了详细描写,文学与生活之间的联系没有比这更紧密的了。[1]

《流放与王国》的最后一篇故事早在1949年夏在去南美途中就开始写作了。《成长中的石头》(*La Pierre qui pousse*)的背景是巴西雨林。显然,正是在这个地方欧洲主人公达拉斯特(D'Arrast)受到了本地社区的欢迎。加缪对赤道雨林的异乡背景进行了理想化描写,当地族人邀请这位欧洲局外人去填充一个空位,以便与他交流:故事以"与我们同坐"的邀请结束。(*EK*, 109)关于雨林的记忆是分裂的、暴力的阿尔及利亚所无法提供的。

在早期作品中,加缪充分利用了地中海的魅力,强调了古希腊在构成那种文化中起到的作用。1955年4—5月的希腊之行重新燃起了那股热情。他在雅典法语学院做了以《悲剧的未来》(*The Future of Tragedy*)为题的演讲,然后访问了

---

[1] 见 Patrick McCarthy, *Camus* (New York, 1982), p. 306。

德尔菲(Delphi)、伯罗奔尼撒半岛和得洛斯岛(the island of Delos)。

在笔记中,加缪热情地写道,他以风景园艺家的眼光记下了周围的细节。他特别感兴趣于在阿尔戈斯(Argos)废墟工作的一伙考古学家。其中一位叫乔治·鲁(Georges Roux),是来自沃克卢斯(Vaucluse)的一位年轻人,加缪说他"对他那漂亮的职业是那么有活力,那么有激情"。(*OC*, IV, 1225)作家感到嫉妒,这种情绪使他想到了近几年来荒废的时光和"我对虚弱的深切感觉"。

考古现场人们快乐的合作给他留下了深刻的印象。1955

20世纪50年代中期加缪在签名售书。他自己的书《现状》和阿尔贝·梅米(Albert Memmi)的《盐柱》(*La Statue de sel*)都在展出,该书初版于1953年。后来加缪为梅米译出的美国版撰写了序,1955年出版

十一 超越论战:"从现在起:创作"

年 5 月 2 日他写道:

> 当我与我所能爱的人共同完成一项任务……我才能感到快乐和安宁。我没有职业,只有使命。我的工作是孤独的。我必须接受……但当我与那些对所做之事感到无比快乐之人在一起时我不能不产生忧郁感。(*OC*, IV, 1226)

1955 年 5 月 15 日希腊之行结束时,加缪在雅典海滨度过了最后几个小时:"这是我向这个国家说再见的时候了,几个星期以来它向我倾注了同样漫长的快乐。"(*OC*, IV, 1234)

此时,加缪已经同意为一家自由报纸《快报》写作,并从希腊发出了第一篇报道,谈到了港口城市沃洛斯(Volos)发生的地震。回归新闻业多是出于政治的考虑。他支持皮埃尔·孟戴斯-弗朗斯(Pierre Mendès-France),在殖民政治方面孟戴斯已经证明自己是位改革派总理,结束了法国与印度尼西亚的战争,并试图结束法国在突尼斯的统治。加缪认为自己为《快报》撰文就是对孟戴斯进步主义的支持。

1955年7月9日和23日加缪发表两篇论阿尔及利亚的文章，呼吁用阿尔及利亚人与欧裔阿尔及利亚人之间的联盟取代殖民化，求得"法国人与阿拉伯人"的"共同解放"。(*OC*, III, 1033) 同年8月20日，民族解放阵线的支持者在菲利普维尔区[今日的斯基克达（Skikda）]杀伤反对民族解放阵线的欧洲人和穆斯林人。这导致了法国军队和法国－阿尔及利亚治安团的镇压，数千人死亡。1945年5月的塞蒂夫事件得以重演。菲利普维尔事件将是弗朗索瓦·密特朗（François Mitterrand）所说的起义与镇压的"恶性循环"的开始，1954年11月阿尔及利亚战争爆发时，密特朗曾任法国内政部部长。[1]

1955年10月18日到1956年2月2日，加缪继续为《快报》撰写关于阿尔及利亚的系列文章，论辩说"阿尔及利亚不是法国"，但他提醒他的大都市读者，这个国家的人口中包括一百万法国人。[2] 他同样直言不讳地为法国的阿尔及利亚移民工人的权利辩护，抨击对他们抱有敌意的报界和种族主义的警察。(*OC*, III, 1052) 在一篇关于"法律的蔑视"的文章(1955

---

[1] 见 François Malye and Benjamin Stora, *François Mitterrand et la guerre d'Algérie* (Paris, 2012), p. 253。

[2] 见 Pierre-Louis Rey, 'Chronologie', *OC*, Ⅰ, XCIII。

年11月29日）中，他把法国已成陈词滥调的观点，即所有法裔阿尔及利亚人都是殖民者、巴黎的所有阿拉伯人都是老鸨，说成是"白痴的观点"。

早在1953年秋，加缪就写道，不同于狂欢之夜，历史的宿醉无简单的药可治。（*OC*, IV, 1179）阿尔及利亚的情况就是明证。菲利普维尔事件后，冲突加剧，那年秋天，已提交联合国大会解决。1956年3月，法国政府动员特种兵解决这次冲突，这在法国被称作"没有名字的战争"。

加缪本人1956年1月试图在阿尔及利亚进行一次公开介入，提出停战，以保护这个国家的平民不至于像在法国军队与民族解放阵线战争期间那样遭到伤害。1956年1月10日，在接到越来越多的在阿尔及利亚的暴行报告之后，加缪在《快报》上直言道："阿尔及利亚很快就会仅仅居住着谋杀者和受害者。不久，那里只有受害者才是无辜的。"（*OC*, IV, 367）他认为"漫长的殖民主义暴力说明了那里为什么会有暴力反抗"，他敦促法裔阿尔及利亚人不要支持右翼布热德分子，他认为这是一种自杀行为，而要弄清楚阿尔及利亚民族主义分子为什么会这样。他提议使用一种不同的政治语言：为了建立"同一片土地上不同的儿子之间的忠诚合作"，他呼吁平民停战。（*OC*, IV, 369）

早在阿尔及尔时，加缪就发现他在巴黎体验到的焦虑现在不存在了。在1956年1月18日的一则日记中，他写道：

> 在这里，你至少置身于斗争之中，这是一场艰苦的斗争，因为舆论不在我们这一边。但恰恰是在斗争中我常常找到安宁。职业知识分子……尤其是如果他仅仅通过书面语言参与公共事业，就像胆小鬼一样活着，……那只有当思想伴随危机之时，他才变得是合理的。也只有在那时，一切都会好于肮脏的法国、不负责任的法国。那是令我窒息的一片沼泽地。（*OC*, IV, 1241）

但由于离开阿尔及利亚已经有许多年了，加缪必须了解新的情况。1月22日在政府广场进步协会召开的一次紧张的会议上（阿尔及尔的右翼市长拒不让会议组织者进入市政厅），加缪焦急地提出他的"平民停战呼吁书"。在大楼外面，法裔阿尔及利亚拥护者已经聚集，喊着要把加缪绑起来。参加会议的还有有自由精神的法裔阿尔及利亚人，其中包括让·德·麦松索尔；中立的穆斯林人；以及像阿马尔·吴泽嘉恩（Amar Ouzegane）和穆罕默德·勒布加乌伊（Mohamed Lebjaoui）等人，他们后来都在民族解放阵线

十一 超越论战:"从现在起:创作"

20世纪50年代中期,加缪和《快报》排字工乔治·罗伊(Georges Roy)。十年前他们也曾在《战斗报》一起工作过

担任重要职务。勒布加乌伊后来描述说加缪在对公众讲话时紧张焦虑。[1] 停战提议没有实行,加缪感到被民族解放阵线所利用——他不知道勒布加乌伊等人已经与解放运动有瓜葛。[2] 三年以后,他会代表吴泽嘉恩作证,证明他在起义中的角色。加缪指出吴泽嘉恩在寻求平民停战方面发挥了积

---

[1] Mohamed Lebjaoui, *Vérités sur la révolution algérienne* (Paris, 1970), p. 40.

[2] 见 David Carroll, *Albert Camus the Algerian: Colonialism, Terrorism, Justice* (New York, 2007), p. 224, n. 20。

极作用。[1]

在1956年1月的旅行中,加缪还遇到了阿尔及利亚总督雅克·苏斯戴尔(Jacques Soustelle),后者不相信停战的号召会起作用。费尔哈特·阿巴斯当时是一个温和的阿尔及利亚民族主义者,也出席了会议,不久就加入了民族解放阵线。法国与法裔阿尔及利亚人之间的隔阂在1956年2月6日突然加剧,那天,刚任命的首脑居伊·摩勒(Guy Mollet)被一伙抱有敌意的法裔阿尔及利亚人投了西红柿,这些人故意要破坏取消殖民地统治的任何举措。对加缪来说,还有一些其他迹象表明有令人不安的变动。他与《快报》的主人和主编让-雅克·塞尔旺-施赖伯(Jean-Jacques Servan-Schreiber)不和,后者关于阿尔及利亚问题提出了很多解决方法,包括独立。[2] 加缪辞去了《快报》的工作,于1956年2月2日发表了最后一篇文章《纪念莫扎特》(*Remerciement à Mozart*),为这位作曲家两百年诞辰而作。这个主题的选择本身就说明了问题,标志着加缪已经从公共问题撤离,关于一场冲突的公开表态使他感到越来越被边缘化了。

---

[1] 见 Lottman, *Albert Camus*, pp. 671–672。

[2] Lottman, *Albert Camus*, p. 585.

十二　舞台上的忏悔

1954年10月的阿姆斯特丹之旅中，加缪开始为《堕落》记笔记，《堕落》起初是为《流放与王国》准备的最后一篇故事。故事本身是从围绕《反抗者》的读者的相互指责中吸取能量的。1954年12月西蒙娜·德·波伏娃的小说《名士风流》（*Les Mandarins*）获得龚古尔奖，这重又令加缪想起了1952年夏萨特对《反抗者》的批评。波伏娃的小说几乎没有任何伪装地、毫不夸张地塑造了报纸编辑亨利·佩龙（Henri Perron）这个人物，也就是加缪。龚古尔奖的消息传来时加缪正在意大利演讲。但那次旅途结束时的一则日记让人感到那是他回到巴黎之后的精神状态："12月14日。启程。存在主义。当他们谴责自己时，可以肯定他们总是能够谴责别人。法官－忏悔者。"[1]

---

[1]　转引自 Pierre-Louis Rey, 'Chronologie', *OC*, I, XCII。

《堕落》中的主人公让－巴蒂斯特·克里门斯（Jean-Baptiste Clamence）将是这样一位"法官－忏悔者"，他是住在阿姆斯特丹一个破烂酒吧里的前巴黎律师，他根据一种结构的、压抑的日常规律来行使正义：他把自己（作为忏悔者）的道德缺陷编目，接着毫不留情地对他的对话者妄下判断。在克里门斯的世界里，自责（内疚）残酷地导致了衰老。

加缪在其写给伽利玛的"希望"系列的简介中，试图捕捉战后的时代精神。"我们生活在虚无主义的时代。我们能摆脱虚无主义吗？"他问道。并敦促读者"在疾病的尽头寻找疗法"，要认识到"这是一个希望的时代，尽管这希望很难实现"。这发自内心的呼喊是向战时出现的一代人发出的，给加缪在《堕落》中建构的焦躁虚假的世界注入了一丝安宁。在这个世界里，克里门斯以莫里斯·布朗肖（Maurice Blanchot）所说的"轻蔑的忏悔"渴望大家集体进入虚无的指责和自责之中。[1] 他说自己是当代的施洗者约翰，在现代城市的荒原里游荡。但与《新约》全书中的前辈不同，他是"一个普通时代的空洞的预言家，是没有弥赛亚的以利亚"

---

[1] M. Blanchot, 'La Confession dédaigneuse', *Nouvelle Revue française*, XLVIII(December 1956), pp. 1050–1056.

(*OC*, III, 751)。在给阿尔弗雷德·罗斯默（Alfred Rosmer）的一封信中，加缪解释了《堕落》所代表的现实："我也有自责感，但却没有征服我。它在别处也取得了同样的效果。而这说明了有教养的西方人赞成最坏的东西这一不可理解的现象……从现在起，解决方法很清楚：我们需要医治这种自责，治疗没有上帝的基督教。"[1]

1952年，萨特曾在《现代》上嘲笑加缪，在《高尚者共和国》中把他塑造成一个公共刽子手。[2] 他谴责加缪愠怒无常、威胁要跑到荒漠去、并像一个进行调查的治安官那样咆哮。"我想我在与一个作家打交道，同时也在与一个法官打交道，"萨特抱怨说。[3]

加缪在《堕落》中所采取的策略就是，表面上热切地吸收萨特批评的每一个细节，让对手放下武器：关于荒漠的讨论、各种判断、疯狂的审查等，全都进入了克里门斯流畅的独白之中。通过拒绝相信主人公的话语姿态，加缪在某种意义上是以尖锐的讽刺回击萨特对他的种种抨击——假装的诚实，站在穷苦人一边的姿态，作为时代之道德良心的自我标榜。

---

[1] 转引自吉勒·菲利普（Gilles Philippe）的社论文章，*OC*, III, 1365。
[2] Jean-Paul Sartre, *Situations*, IV (Paris, 1964), p. 97.
[3] Ibid., pp. 99, 110.

加缪就《堕落》之文类的选择也是出乎意料的。如他在1959年12月的最后一次采访中所说:"在那部作品中,我采用了戏剧技巧(戏剧性独白和隐蔽的对话)。"(*OC*, IV, 663)如果他在与萨特争吵后严重失去了创造性写作的信心,那么,《堕落》的"散文中戏剧"的形式就是他的领地,仍然受伤的加缪选择了在这个含混的舞台上进行回击。该作扩展了《流放与王国》中所包含的那个模式,结果,1956年5月伽利玛将其单册出版。

如果加缪在《堕落》中掺入了戏剧,那么他在20世纪50年代投身的戏剧工作本身就再次表明他讲的是忏悔故事,尽管那时的忏悔比克里门斯罗列的忏悔要真诚得多。为了1953年6月的昂热戏剧节,他翻译了卡尔德龙(Calderón)的《爱十字架》(*The Devotion to the Cross*),故事中,恶棍欧塞维奥(Eusebio)寻求神的怜悯,在最后一场闹剧中神奇地通过他对十字架的爱实现了这个愿望。在译本的前言中,加缪谈到要用现代语言翻译的设想。他特别想在现代语境中引入"改造最恶劣罪犯的恩典"的概念。他说在卡尔德龙的戏剧与乔治·贝纳诺斯(Georges Bernanos)的《一个乡村牧师的日记》(*Journal d'un curé de campagne*)之间有某种联系,后者的结尾即"一切皆圣恩"。贝纳诺斯是加缪仰慕的一位

十二 舞台上的忏悔

小说家,"一切皆圣恩"意在在现代良心中回应"不信教者的'一切无正义'"。(*OC*, III, 515)与此同时,加缪在努力探讨与伦理价值相关的问题,继续讨论他在伽利玛"希望"系列的简介中提出的问题:"我们能摆脱虚无主义吗?"

改编和上演威廉·福克纳的《修女安魂曲》(*Requiem for a Nun*)这项工作使得加缪能扩展到忏悔和惩罚的主题上来。这是他第一次在巴黎导演戏剧,他对福克纳作品的改写使福克纳走出美国南方,在异国他乡取得了巨大成功。

《修女安魂曲》首度于1951年在美国出版时原本就是对话形式的。在此二十年前,马尔罗就使法国读者对福克纳发生了兴趣。在马尔罗看来,《圣殿》(*Sanctuary*, 1931)含有古希腊悲剧的成分。在推动《修女安魂曲》时,加缪把福克纳说成是他所处时代的最伟大的作家,与梅尔维尔、陀思妥耶夫斯基和普鲁斯特齐名。马塞尔·埃朗曾计划把这本小说改编成舞台剧,他1953年6月逝世后,加缪便把这项任务接了过来。在费尽周折取得改编版权之后,加缪取得了很大进展,1956年8月开始排练。[1]

人们对首演抱有很大的期待。福克纳1950年获得了诺

---

[1] 见达维德 H. 瓦尔克给该剧写的序,*OC*, III, 1387–1397 (p. 1388)。

加缪改编的伽利玛版《修女安魂曲》封面（1956）

贝尔文学奖，1956年8月31日《世界报》头条新闻提出一个问题：这两位顶级作家的合作能否产生"一部一流的现代悲剧"。（*OC*, III, 845）在法国与美国就版权问题的最初接触中，露丝·福特（Ruth Ford）的角色——她把福克纳小说改编为舞台剧，散文部分被删除，而聚焦于三幕戏——被漏掉了。其结果，加缪依据福特的改编版本改写了剧本，以为这是福克纳自己的版本。[1] 路易·吉尤的法译本为所有后来的

---

[1] 见达维德 H. 瓦尔克给该剧写的序，*OC*, III, 1390–1391。

十二 舞台上的忏悔

改编提供了基础。加缪本人也做了些修改,把重点从福克纳原来强调的宗教赎罪的维度转移出来。

加缪在组织演员的同时也考察了巴黎的剧院。他再度启用法裔阿尔及利亚女演员卡特琳·赛勒斯(Catherine Sellers)扮演坦普尔·德雷克(Temple Drake),一位年轻的美国母亲,过去的妓女生活不断搅扰着她。俄罗斯血统但出生于埃及的女演员塔季扬娜·穆吉茵(Tatiana Moukhine)扮演南希·玛尼格(Nancy Mannigoe),即杀死坦普尔的孩子以防他成为这个肮脏世界的受害者的黑人奴仆,这是她非常熟悉的世界,坦普尔已经处在这个世界的边缘。七十场排练(包括四场全副武装的彩排)之后,《修女安魂曲》于1956年9月20日在马蒂兰-马塞尔·埃朗剧院首演。[1] 首演获得了巨大成功,此后接连演出直到1958年1月。勒内·夏尔立即写信祝贺加缪。在回信中,加缪说他和演员们都非常惊奇,并向夏尔分享了导演该剧时的快乐。"这是一件美丽而神秘的艺术品,"他深情地说。[2] 报纸纷纷报道演出的成功,《费加罗报》刊登

---

[1] Herbert R. Lottman, *Albert Camus: A Biography* [1979] (Corte Madera, CA, 1997), pp. 617–618.

[2] 1956年9月的信。在 Albert Camus and René Char, *Correspondance 1946–1959*, ed. Franck Planeille (Paris, 2007), p. 151。

加缪 1956 年在巴黎马蒂兰剧院导演福克纳的《修女安魂曲》

了让－雅克·戈蒂埃（Jean-Jacques Gautier）评论演员的文章，特别称卡特琳·赛勒斯是"一位年轻的真正的悲剧演员"。[1]

当加缪 1957 年 10 月获诺贝尔奖的消息传来时，马蒂兰剧院的秋季节目单上注明"这是罕见的一次付账欣赏两位诺奖得主"。巴黎演出后，剧团赴瑞士、德国、比利时、卢森堡和北非巡演。当 1957 年 3 月在雅典演出时，福克纳本人出席观看。这是加缪在戏剧方面的最大成功。1961 年 9 月，

---

[1] 转引自 Lottman, *Albert Camus*, p. 618。

十二 舞台上的忏悔

他去世后的那一年,该剧又在巴黎上演,卡特琳·赛勒斯和塔季扬娜·穆吉茵再度扮演原角色,获得了巨大成功。[1]

对加缪来说,戏剧是最高的艺术形式。它也是一种形式的家。"我为什么在剧院工作?"这是他后来在一个电视系列节目中讨论的主题,皮埃尔·卡迪纳尔(Pierre Cardinal)将这个主题讨论串在一起,1959年5月播出。加缪以一种顽固的方式回答这个问题,并担心会使听众失望:"很简单,因为舞台是我在这个世界上感到幸福的地方之一。"(*OC*, IV, 603)与左派关于参与文学和资产阶级逃避社会现实的争论仍然令加缪隐隐作痛,实际上,他已经不在乎那些人的反对意见,他们抱怨说要想幸福就得排除生活于痛苦之中的人。他断言私下的快乐经历能够使个体讨论公共需要。

在1959年5月接受电视采访的时候,加缪正在巴黎的安托万剧院上演改编自陀思妥耶夫斯基同名小说的《群魔》(*The Possessed*),同年7月准备到威尼斯上演。以掺杂着怀旧的一种愉悦之情,加缪接受皮埃尔·卡迪纳尔的戏剧采访。他追溯了1936年在劳动剧院参与戏剧活动的日子,那时,他负责组织临时剧团,在通俗舞蹈大厅——阿尔及尔海

---

[1] 见达维德 H. 瓦尔克给该剧写的序,*OC*, III, 1397。

边的班·帕多瓦尼大厅——演出从埃斯库罗斯到马尔罗和陀思妥耶夫斯基的剧目。

加缪想要知道这种陶醉何以持续如此之久?"通过戏剧我避开了作为作家令我烦恼的东西"(*OC*, IV, 604),他对读者坦言,说他想要脱离"轻浮的障碍"。这里他指的是由于成为公众人物而承受的挫折:"你要用很多时间拒绝浪费时间的邀请。"他解释说,要摆脱名人带来的轻浮,最好的办法就是上演一出戏,因为无尽头的排练可以持续到深夜,这意味着一种理想的逃避:"那是天堂。从那个角度看,剧院就是我的修道院。"(*OC*, IV, 605)多年前在阿尔及尔海港,年轻的加缪成了一家船行的雇员,海员在船上拥挤的居所对于他有一种修道院式的魅力。为剧院工作重又燃起了那股热情。"两个月来……由工人—修士组成的群体,远离尘嚣,在为某天晚上的首演准备成名而进行的神圣工作。"(*OC*, IV, 605)

在"我为什么在剧院工作?"的采访中他也谈到了一些老问题。他把在剧院的工作与知识分子的世界加以对比,在后者中,他感到总是有为自己辩解的必要。与演员在一起使他成了他与生俱来的自己。他不必为维护同志情谊而辩解。"当我离开我们作为一个团队共同经办的一家报纸时,我失去了我人生中最大的乐趣之一,而我一回到剧院工作,我马

十二 舞台上的忏悔

上就找回了这个乐趣。"(*OC*, IV, 606)写作的职业,他继续说,把我置于孤独之中:"一个作家在孤独中接受审判,尤其是他自己在孤独中的审判。"(*OC*, IV, 606)毫不奇怪,他表达了一种对历史建造群体的浪漫渴望,以及对进行集体创作的文艺复兴时期画家的浪漫情怀。

舞台的物质性同样令加缪着迷,他回忆说,站在大理石舞台上的感觉就像一份报纸已经排版完毕一样——已经脱离了一个"我们称之为社论"写作的世界。加缪问道,谁说做一个好的舞台导演你必须感到肩上扛着构成整个舞台的物体的重量?他不赞成把舞台说成是消遣的媒介,反对说沙龙和政府等地方的演员和弄姿者比在舞台上更多的说法。实际上,演员和导演在相互独立之中需要对方。加缪看到了对未来社会并非没有价值的平衡原则。(*OC*, IV, 606)

如果加缪在"我为什么在剧院工作?"的访谈中冒着把舞台世界理想化的危险,那么,他导演时的照片还是让我们看到了一个全身心投入、常常兴奋异常的人。集体工作的乐趣对他来说是真实的。孩提时在贝尔库的工人当中长大,他已经熟悉了街头文化和小工厂里工人们的团结一致,他的舅舅艾蒂安·桑特就在那样的工厂里工作。早年接触群体生活和对团队精神的浪漫化,这缓解了他在孤独中进行文学创作

少年加缪,前排戴守门员帽者,阿尔及尔竞技大学少年足球队

的那种厌倦。早在十四五岁时,在阿尔及尔竞技大学足球俱乐部少年队当守门员时,他就体验到了后来在剧院里体验到的乐趣。在此之前,他们用破布缠制足球,在阿尔及尔游行广场上与穆斯林人和法国男孩子进行即兴比赛。(*FM*, 185)加缪经常被引用的一句话就是:"我所懂得的一点点道德都是从足球场上和舞台上学到的,它们永远是我的大学。"(*OC*, IV, 607)

十三　斯德哥尔摩和名誉的背后

我经受过那种痛苦，他的面孔就是我的国家的面孔。

——加缪（*OC*, IV, 289）

纪德获奖十年后，弗朗索瓦·莫里亚克1952年再度成功获奖五年后，加缪于1957年12月来到斯德哥尔摩接受诺贝尔文学奖。10月16日当获奖消息传出后加缪很快就告诉记者，说安德烈·马尔罗比他更有成就，应该是更有资格获奖的作家。这种说法并不虚伪。马尔罗很早就成名了，被公认为法国的一流小说家，实际上，当年轻的加缪于1941年发表《局外人》和《西西弗神话》时，马尔罗在伽利玛曾给予加缪以鼓励和帮助。

用诺贝尔授奖的高尚术语来说，加缪的作品突出了他所处时代人类良心所面对的问题。私下里，他感到不安。他在1957年10月17日的日记中写道："诺贝尔。奇怪的疲劳和忧郁感。二十岁，我穷困潦倒，一无所有，却体验到真正的荣耀。我母亲。"（*OC*, IV, 1266）这个奖项是在加缪在巴黎知识分子中声誉很低的时候到来的。勒内·夏尔诚实地说，这个消息到来的那天是"长期以来在许多绝望日子中最好的一天"，并送给加缪一个有关文艺复兴时期的纪念品（夏尔说是曾经救过他的命的一个小盒子）。[1] 他还在10月26日的《费加罗文学报》上撰文赞扬加缪，文章的题目是"我想要谈谈一位朋友"。[2]

加缪知道诺贝尔奖会在某些领域引起敌意，在宣布后的一些天里，他在日记中记下了对他的"低级的抨击"。最敌对的反应来自右翼，如作家吕西安·勒巴泰（Lucien Rebatet），第二次世界大战结束时他由于通敌被判死刑，后缓刑。勒巴泰抨击获奖者作品中人物"僵化"和"过时"，并嘲讽地谈到作者在第二次世界大战结束时的清洗中扮演了角色。加缪开始时曾经支持清洗政策，但他也参与了请求从宽处理勒巴泰的请愿。而且他继续坦言，如我们在前一章中

---

[1] Albert Camus and René Char, *Correspondance, 1946−1959*, ed. Franck Planeille (Paris, 2007), p. 165.

[2] Ibid., pp. 206−207.

十三 斯德哥尔摩和名誉的背后

看到的,承认莫里亚克在这个问题上的立场是正确的。[1]

加缪在《关于断头台的思考》一文中充分利用了在死刑问题上他所犯的错误。该文1957年秋与阿瑟·克埃斯勒(Arthur Koesfler)关于英国死刑问题的分析《对绞刑架的思考》(*Réflexions sur la potence*) 同时发表。[2] 只是在后来加缪才呼吁禁止死刑,他认为在紧密团结的欧洲,这会实现,他还认为对死刑的废除将是欧洲法典的第一款。[1981年,罗贝尔·巴丹泰(Robert Badinter)成为法国负责禁止死刑的司法部部长,禁止死刑现已是欧盟会员国的一项政策。]

在1957年的一篇文章中,加缪抨击死刑是断头台上"令人作呕的屠杀"和"粗俗的外科手术"。(*OC*, IV, 159) 死刑违背了"唯一的毋庸置疑的人类团结,反对死亡的人类团结"(*OC*, IV, 159),他的目标是"显现隐藏在词语斗篷下面的污秽"。(*OC*, IV, 128) 加缪还从侧面思考了这个问题。许多由于酗酒而杀人的案子令他提出了这样一个精辟的表述:"国

---

[1] 见 Nathalie Froloff, "Prix Nobel", in *Dictionnaire Albert Camus*, ed. Jean-Yves Guerin (Paris, 2009), p.614。

[2] 文集的标题是《关于死刑的思考》(*Réflexions sur la peine capitale*),它还载有让·布洛赫-米歇尔(Jean Bloch-Michel)的序言和一篇文章,由卡尔曼-莱维(Calmann-Lévy)出版。

1957年,弗朗辛和阿尔贝·加缪在接受诺贝尔文学奖的时候

家……在控制砍掉它灌入大量酒精的头颅。"(*OC*, IV, 150)

在阿尔及利亚战争期间的政治暴力中,法国政府广泛使用死刑,从1956年6月起用国家手段处死了大量阿尔及利亚起义者。这种暴力反过来又增加了民族解放阵线对阿尔及尔平民的攻击。[1] 加缪私下里进行了无数次干涉,试图把审判最后交给阿尔及利亚反抗者。在1961年4月写给皮埃

---

[1] Assia Djebar, *Le Blanc de l'Algérie* (Paris, 1995), pp. 117–118.

十三 斯德哥尔摩和名誉的背后

前一个十年中,在巴博鲁斯(现在的塞尔卡及)监狱,加缪的父亲目睹了一次公开行刑,并深为震动。父亲的消极反应帮助构成了加缪对死刑的反对态度

尔·诺拉(他曾对加缪就阿尔及利亚的立场抱敌对态度)的一封信中,雅克·德里达曾说,在死刑的问题上,加缪是被幕后操纵的,这是在表面上参与冲突的人所不了解的。[1]

(1957年10月18日)加缪获得诺贝尔奖的消息在《世界报》上发布时,爱德华·昂里奥(Edouard Henriot)把加缪描述

---

[1] 见 'Lettre de Jacques Derrida', in Pierre Nora, *Les Français d'Algérie* (Paris, 2012), p. 293。

为一个"公众良心指导者",填补了第二次世界大战在原则和信仰层面留下的空白,并说《反抗者》是他最伟大的成就。昂里奥还称这次获奖恰好是在法国虚弱和被批判的时候,因此这是法国的荣誉。民族虚弱的叙事也是阿尔及利亚的真实情况。民族解放阵线曾一直把冲突推向国际,并提出独立的理由。联合国要求法国"以非暴力的、民主的和正当方法解决阿尔及利亚冲突。当时美国的参议员约翰·F.肯尼迪(John F. Kennedy)在1957年7月2日也表达了相同的意见。[1]

法国在阿尔及利亚运用军事武力是残酷的,最明显的是众所周知的阿尔及尔战役。1957年1月,为了防止民族解放阵线轰炸首都平民,马叙(Massu)将军空投的伞兵涌入卡斯巴这座旧的穆斯林堡垒。在以后的几个月里,他们系统使用各种折磨以镇压民族解放阵线的武装起义。随着大规模的法国军队的出现,阿尔及利亚数千名穆斯林人消失了。

然而,更多的公众宣传都集中在法裔阿尔及利亚人参与的支持阿尔及利亚起义的知名度较高的案件上。莫里斯·奥丹(Maurice Audin),当时是阿尔及尔大学的助教和阿尔及利亚共产党党员(后来披露),就是于1957年1月21日死于法

---

[1] Benjamin Stora, *Histoire de la guerre d'Algérie (1954—1962)* (Paris, 2004), p. 31.

十三 斯德哥尔摩和名誉的背后

国伞兵的折磨之下的,他们声言说他企图从拘留所逃跑。[1]另一个知名度较高的案件涉及亨利·阿莱格(Henri Alleg),他从1950年开始担任《阿尔及尔共和报》(加缪曾经工作过的旧报纸,1955年被政府强行关闭)的主任。阿莱格被关在阿尔及尔地区的埃尔·比亚尔平民监狱,也受尽了伞兵的折磨。一场公众度很高的新闻运动迫使当局于1957年8月17日把阿莱格提交给负责调查的治安官。1958年1月他受折磨的故事在巴黎被子夜出版社出版,《问题》(La Question)如它的标题一样,引起了热议。阿莱格用罗曼·罗兰的小说《让-克里斯托弗》(Jean-Christophe)中的一句话开始讲自己的故事:"当我攻击那些堕落的法国人时,我是在保卫法国。"——结尾时向在法国准备读他的证词的人们解释说,他的目的是要告诉他们"那些以他们的名义所施的暴行"。[2]

这种向法国和法国人反对其他法国人之行为的呼吁酿成了更大的分歧。不仅仅是左翼人士反对酷刑,甚至萨特主办的《现代》也是发表这一反对呼声的重要渠道。阿尔及警署署长保罗·泰特让(Paul Teitgen)1957年9月辞掉了署长职位,声称他亲眼看见了十四年前在法国东部南希地区盖世太保施行

---

[1] 见 Pierre Vidal-Naquet, *L'Affaire Audin (1957-1978)* (Paris, 1958/1989)。

[2] Henri Alleg, *La Question* [1958-1961] (Paris, 2004), p. 112. 原文系大写。

的完全相同的酷刑。[1]弗朗索瓦·莫里亚克早在1955年1月的《快报》上就发表《问题》一文，表达了对法国军事战略上的道德担忧。他将和其他宗教信仰作家一起继续表示担忧，包括皮埃尔－亨利·西蒙（Pierre-Henri Simon），1957年西蒙发表了《反对酷刑》的小册子。从那年9月，如本杰明·斯托拉所说，法国政界和军界、大都市法国和法属阿尔及利亚之间的分歧就越来越大，在左翼内部也出现了政治分歧。[2]

这种分裂和相互指责的文化必然影响了加缪自己作为公众人物的立场的形成，他是法裔阿尔及利亚人，又始终不渝地呼吁和提出改变社会和经济非正义的种种措施。重要的是，这些措施涉及的范围对于向战争升级的形势已经没有什么影响力了，法国军队为了与民族解放阵线的军方即民族解放军开战，强行置换了二百万阿尔及利亚穆斯林农民。随着更加激进的解决办法的出笼，加缪看到他的措施正被削弱。以前的一些同盟现在都支持阿尔及利亚的独立。比如，费尔哈特·阿巴斯，即温和的阿尔及利亚民主联盟的领导，也站在了民族解放阵线一边。

---

[1] Stora, *Histoire de la guerre d'Algérie*, p. 27.

[2] Ibid., p. 31.

十三 斯德哥尔摩和名誉的背后

1957年10月1日,加缪在巴黎见到了民族学家热尔梅娜·蒂利翁（Germaine Tillion），讨论了阿尔及利亚问题。她讲述了她在阿尔及尔的卡斯巴与民族解放阵线领导人的会见,讨论了他们在城内轰炸贫民和对起义者施行酷刑的问题。蒂利翁报告了她在学校里见到了十一二岁的阿尔及利亚小学生,老师问如果他们也转入地下,他们会怎么做？他们回答说要拿起武器抵抗法国伞兵、法国人和法国政府。面对这些不可逆转的社会分裂的证据,加缪在日记中写道:"我对未来绝望了。"（*OC*, IV, 1266）

1957年10月,蒂利翁本人在一篇研究文章中就急剧变化的形势进行了分析,她说法国和阿尔及利亚是"互补的敌人",该文次年首次发表。[1]她向读者解释说,在以前发表的一篇分析文章中,她可能会让读者觉得经济措施会解决阿尔及利亚的难题。她现在反思说这是误解,正如近来越来越多的人相信"唯有政治医治"才能有效。用蒂利翁的话说,

---

[1] 蒂利翁的文章发表在 *Preuves*, LXXXVII (1958年5月), 后来集于《互补的敌人》（*Les Ennemis complémentaires*, Paris, 1960）一书中。蒂利翁在《快报》上发表的对皮埃尔·诺拉《阿尔及利亚的法国人》的评论（1961年3月18日）中阐述了这一点,后转载入诺拉的《阿尔及利亚的法国人》,第317—327页。

1957年的阿尔及尔。阿尔及利亚独立战争期间法国军人在卡斯巴大街上巡逻

这种观点不切合实际,"病也许是致命的,"她总结说。[1]

加缪1957年12月访问斯德哥尔摩,阿尔及利亚的紧张局势必然会以某种方式进入交谈之中。在获奖演说中,他谈到了其作品的"未完成性",谈到了当欧洲其他地区的作家面对迫害[苏联鲍里斯·帕斯捷尔纳克(Boris Pasternak)就是一例],他的阿尔及利亚同胞仍生活在无尽头的水深火热

---

[1] G. Tillion, *France and Algeria: Complementary Enemies*, trans. Richard Howard (New York, 1961), pp. 3-4.

之中的时候,他接受这份奖项的心情。(*OC*, IV, 239)

加缪继续解释说,他生命中不能没有艺术,这样一种立场绝不会使他孤立:艺术让艺术家服从于"最卑贱的、最普遍的真理"。按照同一逻辑,他继续说,作家不是"创造历史的人",而是"屈服于历史的人"。(*OC*, IV, 240)于是,在世界另一端被压迫的囚犯就能把作家从孤独中拉出来,回到群体的现实之中。在勾画时代肖像时,加缪诉诸他同时代人——出生在第一次世界大战期间,经历过20世纪30年代的民族社会主义和苏联的早期审判,第二次世界大战以及核武器毁灭之威胁的一代人——的生活经历。(*OC*, IV, 241)

加缪逝世两年后,阿尔及利亚小说家穆罕默德·迪卜(Mohammed Dib)似乎要重复加缪对他那代人的刻画,而令他感到遗憾的是,加缪的作品表达了未得到救赎的悲观主义。他觉得他的朋友进入了"一个废墟中的世界,一个充斥着煤渣和太阳的味道的世界,在这个世界上,男人甚至不是幸存者,而已然是长岛人的影子了"。[1]迪卜还说,在加缪创造的世界上,不仅上帝死了,人也死了,已经没有

---

[1] *Simoun*, XXXI (July 1960); 转引自 Peter Hallward, *Absolutely Postcolonial: Writing between the Singular and the Specific* (Manchester, 2002), p. 194。

减缓罪孽的机会了。这对迪卜来说就是作品的"清醒的伟大和虚弱"。

迪卜和加缪都说明了后者的悲观主义，但在悲观程度的问题上，他们分歧很大。获奖演说表明，加缪是一个与悖论搏斗的公众人物，就如同加缪所描写的作家"同时既软弱又顽固"，"在痛苦与美"之间折磨，直面"历史的毁灭运动"。（*OC*, IV, 242）加缪总结说，想要作家提出现成的解决办法、发表道德宣言这是天真的。他的口吻既是忏悔的（他谈到"我的过错""我的错误""我的局限"），又是藐视一切的（他声称他将与被迫害者一起斗争，与他不同的是，被迫害者没有获得任何荣誉）。仿佛要强调道德含混的语言，他描述了作家——以及参与斗争的其他人——是"非正义的，同时对正义又怀有激情"。

斯德哥尔摩之行的辉煌和境况也未免受争议。在12月12日下午与斯德哥尔摩的大学生的会见中，加缪谈到匈牙利的局势，苏联军队就在一年前镇压了那里的一场起义。接着他谈起了阿尔及利亚。民族解放阵线的一位年轻的阿尔及利亚记者问道，加缪为什么对东欧的镇压直言不讳，但又拒绝谴责法国在阿尔及利亚的行动。

阿尔及利亚实际上已经处于战争状态。到1957年，

十三 斯德哥尔摩和名誉的背后

大部分由应征者构成的法国军队已有四十万人在阿尔及利亚集结。国家酷刑的使用已经在一些知名度较高的案例中清晰可见,首先是德·拉·博拉迪埃将军(General de la Bollardière),接着是(前面提到过的)阿尔及尔警察署署长保罗·泰特让,两个人都由于反对他们的职位所要求他们做的行为而提出辞职。

法国报纸报道了加缪与民族解放阵线支持者之间的争论。民族解放阵线的支持者们为这场运动的方法策略辩护,公开痛斥加缪。在回应中,加缪指出他是唯一一位被逐出阿尔及利亚的记者——这是在1939年他揭露卡比尔人困苦环境之后不久,加缪还表明了他曾私下介入并拯救了被判处死刑的几位民族解放阵线成员:

> 我一直谴责国家酷刑的使用。我还谴责盲目的恐怖主义,比如,在阿尔及利亚的大街上有一天会有人袭击我的母亲或我的其他家人。我相信正义,但我要先保护母亲然后才是正义。(*OC*, IV, 288–289)

这最后一句话,单独拿出来的最后一句话,在阿尔及利亚和在法国都被视为具有煽动性。对许多人来说,这句话给加缪定了格：即他暗示赞成法国军队的镇压，而对更广泛的社会正义置若罔闻。加缪的措辞欠妥，他追求正义，同时要保护母亲，这是与民族解放阵线对阿尔及尔平民的轰炸相互排斥的。然而，他的用意却绝不是同意法国军队的镇压——他拒绝国家酷刑，这一点已经很清楚了。

对加缪另一次讲话的错误报道也引起了争议。有人问阿尔及利亚对各种报道的新闻审查情况时，他说至少在大都市的法国这种审查是最少的。而《世界报》却报道说加缪实际上所描述的是法国军队在阿尔及利亚的介入。其影响是爆炸性的。

加缪对《世界报》的管理层抱怨说他的评论被错误地报道了，他关于法国军队的观点并不是所报道的观点。报纸当即宣布纠正了过来，但破坏性影响已经形成了。《法国观察家》（*France Observateur*）也刊登了同一个故事，醒目的标题是《从西西弗到拉科斯特》（*From Sisyphus to Lacoste*），暗示意义是，加缪现在扮演的是罗贝尔·拉科斯特（Robert Lacoste）的角色，后者是1956年2月被任命到阿尔及利亚平息法裔阿尔及利亚人舆论的总督。1957年12月20日在写给《法国观察家》编辑的信中，加缪表示极大反感，要求公开撤回。（*OC*, IV, 291）

十三 斯德哥尔摩和名誉的背后

私下里,加缪严厉批评他的朋友、同性恋者、欧裔阿尔及利亚诗人让·塞纳克(Jean Sénac),在1957年12月19日给他的一封信中,加缪说塞纳克"不体面地匆忙"(*OC*, IV, 290)——指他相信了《世界报》的最初报道。与加缪一样,塞纳克也有一位西班牙裔母亲。与加缪一样,塞纳克也是在城市贫困区中长大,即在奥兰的圣欧仁(Saint-Eugène)区。但就阿尔及利亚独立的问题上,他们的观点是对立的。深受委屈的加缪给他的老朋友提出了最后一条忠告,如果塞纳克想要谈论"爱和友爱",那就应该停止写赞扬民族解放阵线暴力的诗歌,尤其是"不分青红皂白地轰炸儿童的、恐惧的、看不见的"成年人。加缪在信的结尾表达对自己作品的忧虑,同时断言塞纳克为政治暴力的辩解将剥夺其诗人的合法地位。

加缪与阿尔及利亚同胞诗人之间的意见分歧见于当时尚未发表的塞纳克的一首诗中。塞纳克以前曾在伽利玛的"希望"系列中发表过作品。1956年9月1—15日塞纳克写了一首诗《致称我为谋杀者的阿尔贝·加缪》(*A Albert Camus qui me traitait d'égorgeur*),诗中提及"绝对大师"(指加缪)谈论大写的人(Man)而不是复数的人(men),他想要在一个血腥冲突的世界上占据一个纯洁的位置。"他想把我们洗净，绝对大师说。地中海能荡涤这么多的污泥吗？"[1] 塞纳克把这个立场与诗人的立场加以对比，诗人对绝对大师说，"在众人与你之间，鲜血在流淌……而你不再看见。"[2] 在塞纳克的另一首诗《以人民的名义》（*Au nom du peuple*）中，责备的口吻更加明显，使用了前引阿莱格《问题》中的最后一句话的表达方式："这里所做的正是以他们的名义。"在塞纳克的诗中，罗列的法国暴行正是"以法国人民的名义"进行的，这已成为一个咒语。[3]

塞纳克本人在阿尔及利亚独立后的1973年暴死。但是，1957年12月他与加缪之间痛苦的纠纷却是阿尔及利亚战争带来的社会纠纷的症候。因此，斯德哥尔摩的授奖对加缪来说并不是一件易事。他在瑞典的公开声明及其在国内的报道都是透过阿尔及利亚的棱镜来解读的。

显然，当要求法国报界纠正对他的言论的错误报道时，加缪趁机重申了他对都市人态度的不信任。他写信给《世界报》的编辑说，比起那些对阿尔及利亚毫不知情却又讨论阿

---

[1] Jean Sénac, *Pour une terre possible... Poèmes et autres textes inédits* (Paris, 1999), p. 191.

[2] Ibid.

[3] Ibid., p. 195.

十三 斯德哥尔摩和名誉的背后

尔及利亚问题的法国人,他感到他与在斯德哥尔摩遇到的就正义提出问题的民族解放阵线的年轻记者更加亲切。关于阿尔及利亚的对话者,加缪写道:"他的面孔并不是仇恨的,而是绝望的和痛苦的。我也感到过那种痛苦,他的面孔就是我的国家的面孔。"(*OC*, IV, 289)

在授奖前一天晚上的一次采访中,主题是希望建立一个法国-阿尔及利亚社区。在问及可行性时,加缪肯定这样的共存不仅是可能的而且是必要的。而在关于他与年轻的阿尔及利亚作家们的关系时,他说正是这种文学联系证明这种社区是可行的。除了他本人、埃马纽埃尔·罗布莱(Emmanuel Roblès)和朱尔·罗伊(Jules Roy)等欧洲作家,加缪还加上了穆罕默德·迪卜(将成为20世纪阿尔及利亚的重要作家),以及卡比尔人穆卢德·马迈里(Mouloud Mammeri)和穆卢德·菲拉乌恩。(*OC*, IV, 280)

菲拉乌恩是热尔梅娜·蒂利翁的朋友,后者在第二次世界大战前曾在阿尔及利亚做过六年的民族志田野调查,1954年后曾代表法国政府多次访问阿尔及利亚。蒂利翁后来写道:"阿尔及利亚已经患上严重的流血的溃疡。"[1] 1962年

---

[1] Tillion, *France and Algeria*, p. 3.

加缪

3月15日,菲拉乌恩被右翼恐怖组织"秘密军事组织"暗杀,这个组织代表法属阿尔及利亚至上论。他是当时各种社会中心里被暗杀的六名检查员之一。蒂利翁帮助建立了这些中心,作为法国改善阿尔及利亚穆斯林人口的文化和生活条件的措施。在此后的岁月里,欧裔阿尔及利亚人大批出走,1962年就有九十三万人离开了这个国家。[1]

1960年初逝世前,加缪始终相信在阿尔及利亚战争的杀戮过后,阿尔及利亚原住民和欧裔定居者将会找到新的方法和睦相处。然而,战争将导致完全的独立,这是他所没有预见到的一个结果。热尔梅娜·蒂利翁也没有预见到,当时她写道:"法国人和阿尔及利亚人——二者间的相互依赖是确定的,不可能有两个人口。"[2]

---

[1] 见 Daniel Lefeuvre, 'Les pieds-noirs', in La *Guerre d'Algérie, 1954–2004: la fin de l'amnésie*, ed. Mohammed Harbi and Benjamin Stora (Paris, 2004), pp. 267–286 (p. 278)。

[2] Tillion, *France and Algeria*, pp. 4–5.

十四 1958年

人权宣言忘记了两个人权：与自己相冲突的权利和出走的权利。

——夏尔·波德莱尔（Charles Baudelaire）[1]

斯德哥尔摩之行是对顺应力的一次检验。此行结束时，加缪写信给让·格勒尼埃："斗牛就要结束了，公牛死了，或离死不远了。"[2] 远离注意中心，远离争议，加缪的私人生活并不顺利。他一直非常焦虑，在1957年年末的日记中，他详细记录了恐惧和幽闭症对他的袭击："有几分钟感觉全疯了。接着是疲惫和颤抖。安定药……12月29—30日夜：无休止的焦虑。"（OC, IV, 1267）1958年春，他提到恢复健康

---

[1] 转引自加缪1939年的一则日记（OC, II, 881）。

[2] Albert Camus and Jean Grenier, *Correspondance, 1932–1960*, ed. Marguerite Dobrenn (Paris, 1981), p. 216.

所采取的步骤：

> 医疗步骤。
> 意志消退。不要什么"我必须"。
> 不让精神全面政治化，以便人性化……
> 讨论死亡问题，就是说接受死亡……
> (*OC*, IV, 1271)

尼采的一些诗句似乎指引了前路。加缪提到了这位哲学家的观察，即恐惧死亡是"一种欧洲病"。他似乎着迷于尼采描绘的未来的人，"古怪，精力充沛，热情，不疲倦，是艺术家，是书籍的敌人"。(*OC*, IV, 1270) 加缪承认，就他自己的情况而言，整个生存和做事的方式必须改变："需要系统地打破从最小到最大的反射。烟草，食物，性，防御（或攻击——二者是相同的）和**创造本身**的情绪反应。"(*OC*, IV, 1272) 加缪用斜体字（本译本采取粗体——译者注）突出了激进前景，即压制他作为艺术家的核心活动。他的写作实质上已经停止。然而，与《流放与王国》中的艺术家约拿一样，他是体验声望与私下停滞的矛盾："幸运的是，约拿工作越少，声望就越大。"(*EK*, 67)

十四 1958年

加缪迫切要卸掉伴随书面创作而来的孤独的负担。他生命的疯狂步伐——沉迷于无休止的活动,他的婚外情,对政治和意识形态斗争的深入参与——意味着一种强烈的躁动,至少有一位评论家将其作为证据,证明他在逃避心理创伤。[1]

1958年3月伽利玛版《反与正》出版,这是早在1937年埃德蒙·夏洛就在阿尔及尔出版过的一本薄薄的小书。加缪为新版写了序言。仅就所面对的阿尔及利亚的敌意而言,他处于低潮,作为一个关注法国文化权力的法裔阿尔及利亚人,序言让他发泄了自己的不满。他论辩说,正是《反与正》中关于真理的短暂记忆,使他没有停止"我的艺术的公共实践"。(*OC*, I, 35)"这里是我的人民,我的主人,这是我的血脉,"(*OC*, I, 37)他以一种既防御又战斗的口吻断言道。他进而抱怨首都文化场景的虚荣,一切都是"嫉妒和嘲弄"(*OC*, I, 35),并谴责了 *Tout Paris*(字面意思是"整个巴黎")这个标签所隐含的文化傲慢,这个标签只代表一小部分社会精英。他宣称社会的贫困和梅尔维尔、托尔斯泰和尼采等人进行的"伟大的精神冒险"使他自己谦卑起来,而介于二者之

---

[1] 见 André Abbou, *Albert Camus entre les lignes: Adieu à la littérature ou fausse sortie? 1955–1959* (Biarritz, 2009), p. 174。

间的人却都是可笑的,他反对说。他愿意跳过这个社会竞技场——他打趣道,戏剧的首场演出,法国社会围绕作者与作品展开的"爱的热恋"之夜,充满的赞美之情像绿茵香酒那样挥洒,或像倾注于报纸问题版的一个个字母。

以这种沉思的口吻,《反与正》的序言置大都市法国的批评家们于不顾,对一系列早期的短篇叙事进行了回顾,他认为这些都是他写作生涯的基础。再次用加缪自己对这本文集的评判来说:"比起后来的写作,这些令人窘迫的页面上有更加真实的爱。"(OC, I, 31–32)加缪现在把产生于贝尔库真实生活的作品作为对圣日尔曼德培的一种回击。

然而,防御的情绪说明有灵魂的创伤。在同一篇序言中,加缪试图甩掉始终令他不安的一种声誉,即道德良心的传声筒。是的,加缪承认,他常常强调努力实行正义的必要性,但他坚持说,在自己的生活中他常常做不到:"我有时把行动中的人看成是非正义的:我在思考自己。"(OC, I, 37)他建议说,也许唯一的靠山就是依靠荣誉活着,"那种非正义的德行!"(OC, I, 37)但在一句讽刺性的旁白中,加缪做了自检,回忆起在哲学和文学圈子里——这里再次提及他视野中的巴黎知识分子——荣誉是一个肮脏的字眼儿,带有贵族般的无动于衷的内涵。

十四 1958年

如在斯德哥尔摩所重申的，加缪仍然相信建立一个法国－阿尔及利亚社区能够解决冲突，在1958年一连串划时代事件发生时他的信念未能实现。在3月的归家途中，他集中谈到——如早在20世纪30年代写作《阿尔及尔之夏》时一样——他所说的他的人民，再次强调家庭、友谊和身体愉悦："生命的唯一视野是当下所需……为男性气概而自豪，为吃喝的能力而自豪，为力量和勇气而自豪。"（OC, IV, 1271）加缪看到了温和背后的软弱。在从马赛到阿尔及尔的渡轮"凯如安号"上，他也看到了法国军队正在过境。冲突将达到一个新的水平。

在他返回阿尔及利亚之前不久，加缪3月5日在巴黎见到戴高乐，在之后的日记中，他说将军打消了他关于法国军队撤出阿尔及利亚之后法裔阿尔及利亚人中会发生重大动荡的忧虑。戴高乐从1946年以来并未从政，但这次谈话三个月后，他重掌大权。北非是导火索。一伙将军执意维持法属阿尔及利亚的现状，企图在1958年5月13日发动兵变，呼吁由戴高乐出面组建新的国民政府。这是一个极端不稳定的时代，军队威胁要在所谓的"复活行动"中占领巴黎。在1958年5月29日的一则日记中，加缪小心翼翼地写道："我的工作是写我的书，当我的家人和我的人民的自由受到威胁

时我要去战斗。仅此而已。"（*OC*, IV, 1273）

6月1日，戴高乐成为政府首脑（用第四共和国的话说是共和国总统），三天后在阿尔及尔他受到认为他能够拯救这个时代的人的大肆吹捧。但是，面对聚集在阿尔及尔总督府广场的十万民众做以"我理解你们！"（*Je vous ai compris!*）为题的庆祝讲话时，他是对谁讲话？法裔阿尔及利亚人视他为英雄救世主，而人群中的穆斯林人则听到戴高乐慎重而有条理地清楚地传达了这样的信息："法国认为在整个阿尔及利亚只有一种居民：只有完整意义上的法国人，具有相同权利和相同义务的完整意义上的法国人。"[1]

1955年10月，加缪在给阿齐兹·克索斯（Aziz Kessous）的一封公开信中，用后来常常被引用的话说：他"已经厌烦阿尔及利亚了……正如别人肺部患病一样"——"我在阿尔及利亚很痛苦"——还说他的职业生涯证明他是始终积极参与这个国家的事务的。[2] 到1958年春，他在想"过度的责任"（*OC*, IV, 1272）是否会使他的精神状态恶化。同年6月，

---

[1] *'Je vous ai compris' suivi de 'L'Algérie n'est pas la France' et de 'Le Droit à l'insoumission'* (Paris, 2011), pp. 13–14.

[2] 'Lettre à un militant algérien' (Letter to an Algerian Militant), *OC*, IV, 352.

十四 1958年

伽利玛出版了他的《阿尔及利亚编年史：现状之三：1939—1958》，汇集了他关于阿尔及利亚的全部评论文章：1939年6月关于卡比利亚的饥荒，第二次世界大战末期在《战斗报》上发表的论阿尔及利亚的文章，1955—1956年在《快报》上发表的文章，1956年朋友让·德·麦松索尔在阿尔及尔被捕并被控颠覆罪时对其事务的介入，以及以"阿尔及尔，1958"为题的一篇表态文章。

加缪在1958年3—4月的序言结尾时解释说，一些人请他表明态度。他在这部著作中记叙了在阿尔及利亚的生活经历，历史地叙述了"一个人与一种情势之间的长期对峙"。这种关联，他承认，会带来"这样一种对峙所隐含的全部错误、矛盾和犹豫，读者会在书中看到许多例子"。(*OC*, IV, 304)值得注意的是，加缪评论了人们在无法解决的冲突局势下对作家形象的膨胀了的期待。就他自己的情况而言，他反思说，他与出生国的情感关系排除了任何超然的可能性："相信这样一个作家会成为某一揭示真理的源泉那是徒劳的。"(*OC*, IV, 304)

这绝不是纯粹的修辞，这是加缪承认的自己的局限性。他坚持认为他无意哗众取宠，并怀疑那些不动摇立场的人："我缺乏能让人果断做出决定的保证。"(*OC*, IV, 298)私下里，

他在努力恢复身体，接受治疗，如我们已经看到的，他想要"彻底去政治化，以便达到人性化"。(*OC*, IV, 1271)

在《阿尔及利亚编年史》(*Algerian Chronicles*)的序言中，加缪详述了与他持相同立场的人所面对的束缚和危险。如果他批评阿尔及利亚反抗者，那么，对殖民错误负责的人会感到道德上是合理的；而如果他完全集中批判法国殖民统治的错误，他就等于帮助了民族解放阵线，而他们对平民的轰炸使仍然生活在阿尔及尔的家人处于生命危险之中——1956年9月30日民族解放阵线在阿尔及尔的第一次轰炸，一个繁忙的咖啡馆和一个奶站成了轰炸目标。[1]

自第二次世界大战以来，加缪可能一直生活在法国，但他在阿尔及利亚冲突中的情感投入却是强烈的，如他自己所说，他绝不想在"舒适的书斋"里写作。他把民族解放阵线的暴力和法国军队的镇压看作是一场暴力循环的推动力，因此都予以拒斥。预见到独立后的阿尔及利亚压制性的一党军阀统治，他呼吁以联邦的政府形式解决法国-阿尔及利亚冲突。他断言他会拒绝以任何方式帮助阿尔及利亚独立，抱

---

[1] Germaine Tillion, *France and Algeria: Complementary Enemies*, trans. Richard Howard (New York, 1961), p. 149.

十四 1958年

怨由国家领导人贾迈勒·阿卜杜勒·纳赛尔（Gamal Abdel Nasser）在埃及领导的更广泛的泛阿拉伯运动。

针对在法国的自由主义知识分子所达成的共识，即越来越不同情法属阿尔及利亚的立场，加缪将西方第二次世界大战后的非殖民化运动与苏联通过对中欧和东欧的许多国家的吸收来进行扩张，进行了对比。

随着阿尔及利亚境内战争趋于尖锐的两极化，加缪的立场也越来越边缘化，在《阿尔及利亚编年史》的结论中，他说这将是他对阿尔及利亚局势最后一次发表意见。法裔阿尔及利亚人中大都市自由派和右翼分子都与他断绝了关系。在阿尔及利亚原住民方面，大约1946年，他在特莱姆岑（Tlemcen）会见阿尔及利亚民族主义者时曾感到不安，他们告诉他试图进行改革的欧洲定居者是他们最坏的敌人。"你们削弱了我们斗争的意志，"他们反对说。(*OC*, III, 933) 用被囚禁在弗莱斯纳监狱里的艾哈迈德·塔利布（Ahmed Taleb）的话说，民族解放阵线抛弃了《阿尔及利亚编年史》，认为那是一部好话连篇但不诚信的书。[1]

---

[1] 艾哈迈德·塔利布写于1959年8月。见 Agnès Spiquel and Philippe Vanney, Introduction to *Actuelles* III. *Chroniques algériennes, OC,* IV, 1420。

《阿尔及利亚编年史》在法国的覆盖面极小，评价也往往是负面的。让·拉库蒂尔（Jean Lacouture）在《世界报》上撰文对加缪想要把自己装扮成一位仲裁者的欲望表示无奈，他认为加缪所要仲裁的是"麻痹症患者与癫痫症患者之间的一次精神错乱的对话"。雷蒙·阿隆，右翼公共知识分子，1956年曾支持阿尔及利亚独立的想法。他现在却批判《阿尔及利亚编年史》没有谈论民族主义立场的合法性。[1]

1958年3月在阿尔及利亚之行中花时间陪伴加缪的一个人是那位卡比尔人、小说家、小学教师穆卢德·菲拉乌恩。菲拉乌恩的第一部小说《穷人的儿子》（*Le Fils du pauvre*）于1950年发表后不久他们就开始书信往来。在加缪1958年春的访问中，菲拉乌恩把他带到课堂上；他们讨论了战争，一起走访了穆斯林人居住的穷街。后来，加缪写信给他的朋友说："我已经希望有一个更真诚的未来，我说的是我们既不被非正义所分离，也不被正义所分离。"[2]

---

[1] 艾哈迈德·塔利布写于1959年8月。见 Agnès Spiquel and Philippe Vanney, Introduction to *Actuelles* Ⅲ. *Chroniques algériennes, OC,* IV, 1419.

[2] 信息来自 Herbert R. Lottman, *Albert Camus: A Biography* [1979] (Corte Madera, ca, 1997), p. 657。

十四 1958年

穆卢德·菲拉乌恩,柏柏尔作家,加缪的朋友

1958年9月,菲拉乌恩发表了他就《阿尔及利亚编年史》写给加缪的公开信。[1]在遗憾地指出他几乎没有注意到这本书的同时,菲拉乌恩说,在他看来,加缪1939年关于卡比利亚的饥荒的文章更有深度。他写道:"你那时很年轻。"

当穆斯林人的苦难已经成为你所关怀的事物时……

---

[1] Mouloud Feraoun, 'La Source de nos communs malheurs' (The Source of Our Common Woes), *Preuves* (September 1958), reproduced in Feraoun, *L'Anniveraire* (Paris, 1972), pp. 35–44.

> 当我读你在《阿尔及尔共和报》上发表的文章时,那是一份小学教师的报纸,我自言自语道:"这是一个正派人。"我羡慕你想要理解的耐力,你那产生于同情或者爱的好奇心。我感到那时离我那么近,那么友好,没有任何偏见。[1]

但是,菲拉乌恩对加缪的赞扬也是希望他发生根本的变化的一种呼吁,他对文化同化制度失去了信心,而正是这种同化使他按照法国共和国的模式成为一位小学教师。1939年,他解释说,他和他的穆斯林同胞都感到他们是被征服者,而"你们则比以往更甚地使用征服者的语言"。菲拉乌恩回忆说卡比利亚的报告发表之后的加缪,在参加抗议之后被赶出了这个国家,被视为比被征服者还危险的人物。[2]

菲拉乌恩对加缪友好的支持进一步体现在他引用了就提供教育的问题展开的《卡比利亚的贫困》的一段文字:"教育是一个有同情心和有勇气的人所能给予他的国家的最庄严

---

[1] Mouloud Feraoun, 'La Source de nos communs malheurs' (The Source of Our Common Woes), *Preuves* (September 1958), reproduced in Feraoun, *L'Anniveraire* (Paris, 1972), pp. 36–37.

[2] Ibid., pp. 37–38.

的警告。"[1] 然而,菲拉乌恩也尖锐地指出了法国共和国话语的局限性。他认为法国人的错误就在于"要把阿尔及利亚人变成法国人"。[2] 他接着重点阐述了两者之间的差异,即使得加缪要求正义的那种民主,对于穆斯林人来说就是一种暴政。然而,《卡比利亚的贫困》的乌托邦口吻感动了菲拉乌恩,尤其当加缪憧憬阿尔及利亚的所有儿童会共享相同的学校长椅,"两个民族相互理解,开始相互认识"的时候。菲拉乌恩评论道,一个多世纪以来,把这两个民族联系在一起的就是"把弱者联结到强者、把奴隶联结到主人的那种非人的商业"。[3]

加缪并不乐观。1958 年 8 月 4 日从巴黎写信给让·格勒尼埃时,他反思说:"对阿尔及利亚来说毫无疑问太迟了。"尽管他还说历史常常是出乎意料的。[4] 10 月,戴高乐发动了经济和社会改革,为民族解放阵线提供了**勇敢的和平**(la

---

[1] Mouloud Feraoun, 'La Source de nos communs malheurs' (The Source of Our Common Woes), *Preuves* (September 1958), reproduced in Feraoun, *L'Anniveraire* (Paris, 1972), pp. 38-39. 加缪引文开头是:"卡比利亚于是呼吁建学校,就如同呼吁面包一样。"(*OC,* IV, 323)

[2] Feraoun, *L'Anniversaire*, p. 41.

[3] Ibid., p 39.

[4] Camus and Grenier, *Correspondance*, p. 222.

paix des braves）：民族解放阵线拒绝放下武器的要求。然而，戴高乐的行动也许使加缪怀疑他自己关于阿尔及利亚的写作是否会为改革增加动力。11月，他给好朋友米歇尔·伽利玛打电话，问及根据新的政治导向，《现状之三》的封面是否需要改动。加缪想要"阿尔及利亚编年史"用大写的大红字母作为这本书的新标题，而"现状之三"则用小号字体。[1] 封面做了改动，这意味着一个作家希望对阿尔及利亚的形势发生影响，但作品本身却被事件矮化了。

多年来，加缪和家人都在法国南部的沃克卢斯地区度假。那里的风景令他想起家乡阿尔及利亚。他与勒内·夏尔的友谊在战后结成，这也是他与这个地区的重要纽带。夏尔曾参加过抵抗运动，在索尔格岛有个家。在加缪眼里，他是当时最重要的诗人，加缪写道，向人们表明了你"既为每日面包而战，又能为美而战"。[2]《许普诺斯的叶子》(*Feuillets d'Hypnos*)是夏尔的一部诗集，反映了他参加抵抗运动的经历，1946年在加缪的"希望"系列中出版。

---

[1] 见 Spiquel and Vanney, Introduction to *Actuelles III*, *OC*, IV, p. 1407–1408。

[2] 加缪1947年6月30日从勒帕奈利耶写的信。Albert Camus and René Char, *Correspondance, 1946–1959*, ed. Franck Planeille (Paris, 2007), p. 25.

十四 1958年

夏尔不需要确证加缪在巴黎的焦躁。1948年9月他本人曾对加缪坦言:"我鄙视巴黎……那块奇怪的磁铁。"[1]在1952年吞没了《反抗者》的那场吵闹之后,他诗意地邀请加缪和其妻子来重新发现自然:

> 亲爱的弗朗辛,亲爱的阿尔贝,巴黎建筑里使用的解树味的解药是森林中季节性的树……我焦急地等待着你俩,我想念的一对夫妇。我的全部的爱。勒内·夏尔。[2]

加缪自己对都市生活的厌倦已成为习惯性的克制了。1946年9月,他对路易·吉尤坦言,他想要离开首都,在乡村找个工作,但财务拮据使他无法这样做。[3]他后来写道,在巴黎这个地方,"太阳是一种奢侈,死亡非常昂贵,每一棵树都有银行账户。巴黎想要教导整个世界"。[4]

---

[1] Albert Camus and René Char, *Correspondance, 1946–1959*, ed. Franck Planeille (Paris, 2007), p. 39.

[2] 1952年10月20日信。Camus and Char, *Correspondance*, p. 101.

[3] Albert Camus and Louis Guilloux, *Correspondance, 1945–1959*, ed. Agnès Spiquel-Courdille (Paris, 2013), p. 48.

[4] 1956年9月的日记。*OC*, IV, 1253.

仅就1958年最初几个月里他的心理焦虑而言，加缪比以往更加迫切地要离开。6月，他去希腊待了一个月，由玛丽亚·卡萨雷斯、米歇尔和雅尼娜·伽利玛（Janine Gallimard）陪同，访问了基克拉迪群岛。他写信给格勒尼埃谈到了这个群岛的魅力，使他想到了格勒尼埃《岛屿》（*Iles Fortunées*）中的"幸运岛"的内容。[1] 加缪还说"大海荡涤了一切"。

8月末，夏尔就阿维尼翁的卡布里埃尔的一处房子与他联系，加缪想在那个地区找个处所，租用下来。"你会在那里找到适合国王的自然的静谧，"夏尔保证说。[2] 几天后，加缪记录了他对这个地区的热情，描述了与夏尔在吕贝隆山区的一次长途驾车旅行："我被疯狂的光、无限的空间运载着。我愿意生活在这里，找到适合我的房子，最后定居下来。"（*OC*, IV, 1289–1290）之后不久，加缪一家用诺贝尔文学奖奖金，在鲁玛琳村找到一处很漂亮的房子。已是9月，加缪急于把在埃格里斯大街（现在是著名的阿尔贝·加缪大街）买到房子的消息告诉让·格勒尼埃。是作家亨利·博斯克

---

[1] 1958年6月21日明信片。Camus and Grenier, *Correspondance*, p. 218.

[2] Camus and Char, *Correspondance*, p. 171.

(Henri Bosco)把格勒尼埃介绍到这个村子里来的,1928年格勒尼埃在这里结了婚。[1]加缪本人于1946年曾与朱尔·罗伊和让·阿穆卢齐(Jean Amrouche)在这里住过,当时的日记说"这是一个庄严简朴的地区——尽管有惊人的美"。[2]就同一次旅行,他还在1946年10月24日给路易·吉尤的信中热情地说:"三天来,我在这些山中散步,如此快乐地享受那阳光。在那里的时候,我忘记了一切。"[3]难怪他把《鼠疫》题献给勒内·夏尔在那里的亲密朋友们,题献写道:"献给鲁克斯(Roux)夫人和鲁克斯医生,向医学致敬……怀着骄傲地自称为一个沃克卢斯人的真诚思想。"[4]1958年秋,在鲁玛琳扎下根来对于一个正在筹划未来的作家来说越来越重要了。

---

[1] 见编辑注释,Camus and Grenier, *Correspondance*, p. 272。

[2] Camus and Grenier, *Correspondance*,编辑注释3,p. 25。

[3] Camus and Guilloux, *Correspondance*, p. 58.

[4] Camus and Char, *Correspondance*, p. 91, note 1.

十五　与自己同居

我不给任何人当向导。

——加缪[1]

1958年最后几个月里,加缪的写作之泉实际上已经干涸。偶尔他能写出几个短文:为《费加罗文学报》写了鲍里斯·帕斯捷尔纳克的辩护,他的《日瓦戈医生》(*Doctor Zhivago*)在苏联遭禁,作家在苏联当局的压力下谢绝了1958年的诺贝尔文学奖;为论匈牙利政治家伊姆尔·纳吉(Imre Nagy)遭受迫害的一本书写了序;1958年12月在《目击者》(*Témoins*)刊登了为西班牙难民呼吁捐助的文章。他在11月的四十五岁生日,据他在日记中所说,是孤独和反思的一天,这正是他想要的,并写下了离群索居的必要性。

---

[1]　加缪的最后一次访谈。*OC*, IV, 661.

(*OC*, IV, 1291)加缪厌倦了,发誓离开围绕阿尔及利亚的政治泥潭。阿尔及利亚共和国临时政府1958年9月在开罗成立,费尔哈特·阿巴斯为总统,宣布"阿尔及利亚不是法国"。

然而,参与剧院工作鼓舞了加缪,他将此与他努力回归文学创造的斗争加以对比。1958年7月和8月他的主要工作是改编《群魔》。他对陀思妥耶夫斯基的兴趣早在20世纪30年代就有了,当时他在阿尔及尔劳动剧院,乐于扮演伊凡·卡拉马佐夫。"也许我没有扮演得那么好,但我觉得我完全理解了。我在扮演那个角色时直接表达了我自己的思想,"1957年8月在巴黎剧院的一次采访中他回忆说。(*OC*, IV, 578)

选择《群魔》的背后还有一个故事,1955年伽利玛为他提供了这部小说的新的法文译本。陀思妥耶夫斯基把这部小说作为宣传性作品,旨在揭露革命叙事的疯狂的一面以及19世纪俄国孕育的无政府主义氛围。无政府主义者彼得·韦尔霍文斯基(Peter Verkhovensky)声称他可以捣毁一切,其他人可以在一切毁灭之后进行重建。"没有改革,没有改进,"在加缪的改编文本中韦尔霍文斯基这样警告说。科学,这位无政府主义者接着说,将爱的冲动一扫而光;至

十五 与自己同居

于耕地的农民,他们需要的不是莎士比亚,而是靴子。(*OC*, IV, 440-441)加缪对陀思妥耶夫斯基对各种进步的讽刺感觉非常舒服,因为这与他自己对20世纪50年代革命左派的批判是吻合的。[1]

这部作品也使加缪回到了其他熟悉的主题上来。基里洛夫(Kirilov)就自杀与生命意义展开的争论直接把他拉回到《西西弗神话》。斯塔夫罗金(Stavrogin)这个人物所代表的强烈的罪恶感和对赎罪的追求也在加缪虚构的生活故事中找到了强烈的共鸣,如《堕落》中的克里门斯和《局外人》中的莫尔索。然而,更广泛而言,改编陀思妥耶夫斯基的项目使加缪恢复了元气,重又感觉到"写作的快乐,创造的快乐,改编的快乐"。(*OC*, IV, 552)

改编剧目的排练开始于1958年末,1959年1月30日该剧在巴黎的安托万剧院首演。即便经过了严重删减,其表演时间依然是三个半小时。巴黎首演得到一些报纸的好评,尽管左翼的《人性报》和《解放报》把关于马克思主义的负面描写忽略了。[2] 但是,该剧从未达到加缪改编的福克纳小说

---

[1] 陀思妥耶夫斯基提到过"所谓的进步分子",*The Devils*, trans. David Magarshack (London, 1971), p. 459。

[2] 见欧仁·库什内(Eugène Kouchkine)的社论文章,*OC*, IV, 1467。

的那种水平。[1] 重要的是，当时戴高乐政府的文化部部长安德烈·马尔罗，出席了巴黎的首演。加缪作为导演也出尽了风头。1959年7月，他在威尼斯待了一个星期，该剧在威尼斯凤凰歌剧院（La Fenice）连续上演近三个月。同年晚些时候，他看到该剧在法国各地巡回演出。回到伽利玛，加缪的秘书苏珊·阿格尼里（Suzanne Agnely）对此表示不满，说加缪过分注重戏剧而轻视了文学。[2] 加缪想让自己的剧院全天候演出的愿望现在看来是可以实现了。关于这方面的谈判1959年一直在进行，颇具讽刺意味的是，1960年1月4日，马尔罗来信的那天，加缪去世了，这封信肯定了建造新剧院的计划。[3]

　　回归文学之路是艰难的。1959年3月，加缪在给夏尔的信中抱怨身体疲惫。随着青春的逝去，他再也没有力量来表示傲慢或冷淡了。[4] 信心的丧失增强了退隐感。他在鲁玛琳

---

[1]　Olivier Todd, *Albert Camus: une vie* (Paris, 1996), p. 732.

[2]　1959年6月23日给卡尔·维贾尼（Carl Viggiani）的信，转引自 Todd, *Albert Camus: une vie*, p. 728。

[3]　见 Todd, *Albert Camus: une vie*, p. 753。又见 Herbert R. Lottman, *Albert Camus: A Biography* [1979] (Corte Madera, CA, 1997), p. 674。

[4]　Albert Camus and René Char, 19*Correspondance, 1946-1959*, ed. Franck Planeille (Paris, 2007), p. 176.

十五 与自己同居

住了一个月,5月8日星期五,他写信给让·格勒尼埃。在繁忙的"工作和焦虑之后……我需要像面包一样的孤独",他坦言说。他解释了这番话的意思,孤独就是"找到个人工作的路子,因为所有其他路径都失败了"。他表达了对他目前所写东西的不满,"现代","如他们所说'划时代的'"的东西。他那悲观的评价延伸到了他自己发表的作品:"如果我找不到另一种语言,我情愿沉默。"阅读尼采关于基督和狄奥尼索斯等人物的反思,他开始思考这位哲学家焦虑的精神投射,肯定地说人"必须隐退以便与自己同居"。[1] 加缪似乎在援引波德莱尔的"逃离的权利","逃离的权利"在二十多年前就引起了他的注意。

与自己相遇,与自身同居,这转换成了新的小说写作的尝试,这次是以自己在阿尔及利亚的家庭背景为主题。这是他的《第一个人》的计划,他长期仔细思考的一部书,1959年才有一个集中的主题——其未完成的手稿是在他出事的车里找到的,那是1960年1月初。

早在1953年,他向弗朗克·乔特兰(Franck Jotterand)

---

[1] Albert Camus and Jean Grenier, *Correspondance, 1932-1960*, ed. Marguerite Dobrenn (Paris, 1981), p. 226.

阿尔及尔的德埃塞花园（Jardin d'Essai），20世纪30年代。在《第一个人》中，加缪探讨了他早年在阿尔及尔的生活。童年令人难忘的事情就是在城里的德埃塞花园里自由地探索："孩子们跑进巨大的花园，那里长着最罕见的植物。"（FM, 38）

提出了后来将成为《第一个人》的梗概计划。1955年2月，他访问了贝尔库，心中仍然想着这个家庭叙事的计划。在日记中，他收集了阿尔及尔家里的细节，他将把它们融入小说："连一张扶手椅都没有。几把椅子。没什么改变。没有奢侈，没有舒适。"（OC, IV, 1219）

同一次旅行中，他重返提帕萨，齐诺瓦山脚下那个古罗马废墟，在20世纪30年代的《婚礼集》中他曾将其描写为

"天真的地方"。在 1952 年的《回归提帕萨》(*Retour à Tipasa*)中,他看到这个古代废墟正受到威胁,被铁丝网围成了舞台,进入了加缪所说的"暴政、战争和警察"的世界。(*OC*, III, 609)他以怀旧的心情想要把提帕萨保存下来,作为欧洲历史的对立面。(*OC*, III, 613)标明 1955 年 2 月访问的一则日记捕捉到了这个场所的生态魅力(花卉、雨、太阳、光),强化了他对提帕萨的印象,是对法国工业城市的丑陋的解毒剂。怀旧是《第一个人》的基础,而阿尔及利亚的地理将是工具。

1959 年 3 月末,加缪回到阿尔及尔探望母亲,她做了手术。他会意地说她的"沉默在我的大半生中始终没有停止对我说话",她在对世界上各种事务无知的情况下活着。她属于那样一群人,"他们的生活不受报纸、广播和其他技术翻新的影响"。(*OC*, IV, 1294)加缪将要用这个母亲主题平衡《第一个人》中湍急翻腾的世界历史。(*FM*, 245)他还利用这次归家访问了乌莱德-法耶特(Ouled-Fayet),阿尔及尔的一个郊区,父亲的出生地,1909 年 11 月父母就是在这里结婚的。

"归根"对于加缪不仅是要重新证实他的身份,还要重新燃起写作的火花。这是"个人工作之路",而未完成的《第一个人》大部分是自传性的。当小说的主人公雅克·科尔梅里成年时回到阿尔及尔时，他感到与病体缠身的年事已高的家里人有某种联系。他沉思道，"几个特殊的形象"，把他与这个家重新联结起来，删除了他的职业使他离开阿尔及尔的那些年的经历。这就仿佛是加缪，就像他的主人公一样，再次成了"盲目的无名的存在，多年来通过家庭而幸存下来，这是他的真正高贵的起源"。[1]

回归无名是晚期加缪的一个明显特点。在 1959 年 4 月末，在回鲁玛琳途中，他写了崩溃的感觉。5 月，他提及《第一个人》第一部分的进展，对鲁玛琳周围的孤寂和美油然产生一种感激之情。(*OC*, IV, 1296)

《第一个人》也标志着风格的隐退。加缪选择了一种自然主义风格，这意味着他摆脱了"现代"，对此，在 1959 年 5 月 8 日给让·格勒尼埃的信中他曾予以猛烈抨击。几个月前在阿尔及尔，他在新的阿尔及尔国家图书馆做了调研。[2] 当阅读阿尔及利亚的法国殖民历史时，他对 19 世纪和 20 世纪早期努力打造文化认同非常感兴趣。在为新书构思的几个

---

[1] *FM*, 104. 英译文有所改动。

[2] Todd, *Albert Camus: une vie*, p. 741.

十五 与自己同居

草案中,加缪描述了主人公的时间错位的感觉,这是他看见了父亲在圣布里厄的坟墓所致——加缪 1947 年也去看了路易·吉尤的墓地。这个"新的时间秩序"将给这部小说提供一个框架,但也标志着情感时间,作家加缪就在这个时间里运动。[1]

在改编《群魔》时,吉洪(Tikhon)这个人物始终未离自己的根:"惩罚在等着所有脱离本土土壤的人,脱离一个民族和一个时代之真实的人。"(*OC*, IV, 487)加缪似乎在听取吉洪的建议,选择了阿尔及利亚作为其写作的背景。他对国内形势的绝望与穆卢德·菲拉乌恩的观点并无不同,菲拉乌恩曾描写过"我们都被抛入其中的深不可测的隧道"。[2]

阿尔及利亚战争的现实渗入到加缪的小说手稿之中,其中粗略提到了年轻的民族解放阵线的士兵更愿意出征、在大山里生活和杀戮,而不愿在法国北部贝休恩(Béthune)做移民工(*FM*, 58);提到了一枚民族解放阵线的炸弹在阿尔及尔大街上爆炸,雅克·科尔梅里的母亲对此感到震惊;提到了四个阿拉伯人被以私刑处死。(*FM*, 232)但加缪也提

---

[1] *FM*, 253. 英译文有所改动。
[2] Mouloud Feraoun, *L'Anniveraire* (Paris, 1972), p. 43.

到了一个本地阿尔及利亚人和一个欧裔阿尔及利亚人在圣埃蒂纳会面,以及两个生活在法国的流亡者之间的兄弟情谊。(*FM*, 230)

随着1959年阿尔及利亚的恶性分裂,加缪将在他最后一部小说中建立一个跨种族、和谐的群体。实际上,他的写作是在构建一个平行的世界。《第一个人》开篇就描写了一个千禧年景观,头上乌云"像帝国和人民"一样缓慢爬过,穿过了"这个无名的国家"。(*FM*, 3) 在这个背景中,加缪讲了法国穆斯林社区里一个孩子要出生的故事,而这个社区恰恰是阿尔及利亚战争要将之置于彻底忘却之中的一个社区。穆斯林赶车人向怀孕的欧洲母亲致意,祝福将要出生的婴儿(这是加缪自己1913年11月在蒙多维出生情景的虚构表现)。还有帮助接生的其他人:一个阿尔及利亚原住妇女,雅克(Jacques)夫人,她们站在床的两边。外面在下雨,阿尔及利亚赶车人和婴儿的父亲在一片麻袋下避雨。

全神贯注的加缪现在回想起他写作的力度和源泉。"我是个作家。不是我而是我的笔在思想、记忆和发现,"在1959年下半年的一则日记中他这样写道。(*OC*, IV, 1303),就是这支笔总结了一个虚构的世界,一个比正在吞噬阿尔及利亚的兵荒马乱的世界更容易容忍的世界。

十五 与自己同居

他的许多同代人面对冲突的问题都与他分道扬镳了,但他却给予那些持独立立场的人以慷慨的帮助。民族解放阵线的一个头领穆罕默德·勒布加乌伊后来回忆说,1956年未能成功地促成平民停战,加缪就努力去理解阿尔及利亚人的理想,并愿意亲自帮助勒布加乌伊。[1] 马克斯-波尔·富歇,早年就是加缪的朋友,后来也写道,当宣布与阿尔及利亚开战时,加缪当时与他意见相左,但主动提出帮助:"如果我的名字能对你有用……我就站在你一边。"[2]

注意到大都市人对法裔阿尔及利亚人的敌意,加缪也在《第一个人》中强调了工人阶级记忆的薄弱。他抨击了普鲁斯特小说的记忆大厦,评论说:"追忆逝水年华仅仅是富人的事。对穷人来说,记忆只留下了通往死亡之路的微弱踪迹。"(*FM*, 62) 他在运用"贫穷家庭"和"贫穷记忆"的关联来生成《第一个人》的叙事精神。

1959年9月16日,戴高乐宣布了阿尔及利亚民族自决的计划。在前一年6月,在其著名的《我理解你们》的讲话中,他面对阿尔及尔群众谈到阿尔及利亚有一千万人,他们

---

[1] Mohamed Lebjaoui, *Vérités sur la révolution algérienne* (Paris, 1970), pp. 48-49.

[2] Max-Paul Fouchet, *Un jour, je m'en souviens* (Paris, 1968), p. 34.

都是法国人。有了1959年9月自治的希望,阿尔及利亚原住民也就有了在政治上被聆听的希望。加缪可能从戴高乐的举措中获得了希望,仍然相信原住民社区与欧洲定居者之间的和平共存。[1] 然而,《第一个人》描写的主人公仍然困惑,渴望与这个国家的大多数穆斯林人口紧密团结:

> 他周围的这些人,有诱惑力却又令人不安,相近却又分离,你一整天都在他们周围,有时产生了友谊,或同志情谊。晚上他们依然回到自己封闭的房子里,你永远不能入内,他们的女人你永远不得见,或者你在大街上见到了,可你又不认识她们,面孔都是遮着面纱的,在白色面纱上方是她们魅人的眼睛,性感而柔软。(*FM*, 217)

他承认这些社区既相邻又分离,与穆斯林人的关系依然是临时性的,实际上,阿尔及利亚原住民的自治唤起了欧洲定居者的焦虑。

早在1939年,加缪就大胆组织运动要解决卡比利亚的

---

[1] Lottman, *Albert Camus*, pp. 686–687.

十五 与自己同居

贫困问题,此后进行了长达二十年之久的斗争来解决阿尔及利亚问题,到1958年,他在《阿尔及利亚编年史》中宣布他将就危机问题采取沉默的立场。在日记中,他谈到避免政治争议的必要性。(*OC*, IV, 1297)他后来的小说写作展开了自身的无言的抗争,未完成的小说的附录提供了一条迫切的、近乎绝望的信息,带有基督教祝福的意味:

> 归还土地。把所有土地都还给穷人,给那些一无所有的人……大群大群的穷苦人,其中大多数是阿拉伯人和少数法国人,他们由于顽强和忍耐而在这里生活并幸存下来……而我,再一次,永远穷苦,被抛入地球尽头的最糟糕的流放,我要微笑,快乐地死去,那些我敬重的人,我敬重的她,最终也将来到我所出生的我如此热爱的太阳之下的这片土地。(*FM*, 255)

被敬重的"她"指的是加缪的母亲,在加缪眼里,她代表了无辜的欧裔阿尔及利亚人。

然而,这一救赎叙事并不能绘入20世纪50年代末阿尔及利亚的现实。《第一个人》,如加缪自己所解释的,写于临时的错位,雅克·科尔梅里在父亲的坟墓前所体验到的一种错位。它也没有讲述阿尔及利亚原住民所能理解的殖民历史。在未完成的小说的附录中，书中提及的比若将军顽固地让土伦的市长为建立富卡新区的二十名法国士兵寻找妻子（加缪作品档案中匆匆抹去了这类素材）。比若，19世纪40年代曾领导过阿尔及利亚的军事颠覆，但这个名字在意义上却完全不同于阿尔及利亚人。实际上，穆卢德·菲拉乌恩在1958年赞扬加缪的一封信中曾回忆说，在20世纪30年代家里的女人们为了不让孩子们说话，都会这样吓唬他们："'嘘，布楚（Bouchou）来啦。'布楚就是比若，而比若属于上一个世纪。"[1]

《第一个人》与读者见面时，三十多年已经过去了。阿尔及利亚战争的局势排除了作者死后马上出版未完成的著作的可能性。当该书最终于1994年面世时，在法国引起了极大兴趣。当时，阿尔及利亚正处于军事政府与伊斯兰起义者之间的内战之中。也是在那时，一些有影响的阿尔及利亚小说家发表言论，表明他们与作为阿尔及利亚作家的加缪的联系。[2]

---

[1] Feraoun, *L'Anniversaire*, p. 38.
[2] 见第十六章。

十五 与自己同居

在《修女安魂曲》中,福克纳曾写过"创世纪后冗长厌烦的增长"。[1]加缪《第一个人》中回响着这一千禧年的回声,小说的名称就把雅克·科尔梅里塑造成消失在漫长的殖民后裔的历史之中的人物。加缪在小说的第一部分结尾时把"世界诞生时的早晨"与"他所处时代的人的世界与其可怕的高贵的历史"相并置。(*FM*, 153)他在《修女安魂曲》中识别出一个预言家的视角。正如福克纳在三幕戏之前的散文部分中讲述了虚构的约克纳帕塔法(Yoknapatawpha)县的历史,讲述了"被破坏"和"破坏者"的故事,使人想到替换美国原住民的定居浪潮:"剥夺的,反过来被被剥夺者所剥夺,因为他们自己也是过时的了。"[2]加缪也同样在再现阿尔及利亚的法国人时描写了被统治与统治。因此,随着1871年普鲁士吞并阿尔萨斯-洛林,那些离开法国东部、在阿尔及利亚[阿尔及利亚的这些土地于1871年谢克·摩卡尼(Sheik Mokrani)领导的起义被镇压后被法国人征用]定居的人被塑造为"变为迫害者的被迫害者"。这个范畴表示这是一个充满道德矛盾的世界。然而,雅克·科尔梅里却为这种矛盾感

---

[1] William Faulkner, *Requiem for a Nun* [1951] (London, 1961), p. 44.
[2] Ibid., pp. 35, 89.

到羞耻，他本能地与所有受害者达到了认同后，正痛苦地承认他与"迫害者"的共谋。(*FM*, 247) 加缪在1958年发表《阿尔及利亚编年史》之后发誓对阿尔及利亚问题保持沉默，但在《第一个人》中他的灵魂探索仍在继续。

在小说第一部分最后一章中，"大量的无名死者"的语言和"岁月的夜在遗忘的土地"(*FM*, 151-152) 又闪现出福克纳的光环。这两位作家都在建构定居者丧失的叙事。福克纳描写了胡格诺派（属新教徒）奴隶路易·格勒尼埃（Louis Grenier）来到密西西比的情景以及后来他的房产转让：

> 一百年后都将消失，他的名字和他的血液，只留下他那庄园的名字，他自己逐渐消失的堕落的传奇，就好像乡间转瞬即逝却又无疑存在的一丝薄薄的灰尘，在十字路口处有点不痛不痒的商店周围环绕着。[1]

《第一个人》中同样的世纪末视角："所有那些年代，来自那么多国家的那么多人，……不留一丝踪迹地都消失了……一

---

[1] William Faulkner, *Requiem for a Nun* [1951] (London, 1961), p. 32.

种巨大的忘却覆盖了他们。"(*FM*, 150)[1]

加缪的早逝使《第一个人》成为他的最后一部书。然而，在1959年夏与一位老友即建筑师让·德·麦松索尔的谈话中，他暗示说他的写作生涯只过了三分之一，从《第一个人》开始，他感到开始追求真实的东西了。[2]

在笔记中，加缪反思了他复杂的情感生活。他依然与玛丽亚·卡萨雷斯和卡特琳·赛勒斯保持亲密的关系。在生命的最后几年里，他还与一位年轻的斯堪的纳维亚（Scandinavian）女人米（Mi）发生了某种关系。1959年4月的笔记表明在坚持传统道德生活多年之后，他终于放弃了：

> 现在我在残骸中漫步，我不受法律约束，撕裂，孤独，接受现实，回归我的独特和我的病体。我必须——在某种谎言中度过我的一生之后——重建一种真实。（*OC*, IV, 1296）

---

[1] 福克纳《修女安魂曲》的莫里塞－埃杰尔·宽德罗（Maurice-Edger Coindreau）法译文本1957年面世，加缪为其撰写序言。

[2] Todd, *Albert Camus: une vie*, p. 744.

他的主人公雅克·科尔梅里被描述与四个女人有关系，并承认仍然感到空虚（*FM*, 234），而孤独也是加缪后期日记中常见的主题："我不能与人相处很长时间了。我需要一点孤独，一点永恒"。（*OC*, IV, 1303）就依附和忠诚的问题，他的思考是冷静的和深沉的："整个一生中只要有人依附于我，我就尽全力让他退后"。（*OC*, IV, 1306）非常清楚的是，他试图找出他自己的心理动机，在他的创作危机与情感需要之间找到联系："由于深处这种危机之中，在这种无能之中，我能理解那种丑恶的占有欲望，在其他人眼里那始终是我的丑闻。"（*OC*, IV, 1306）

1959年11月是加缪最后一次来巴黎。他与卡特琳·赛勒斯共进午餐，庆祝他四十六岁生日，一周后他回到鲁玛琳，决定在那里继续《第一个人》的写作。他解释说写作过程中没有快乐，他说那是"每日集中的尝试，思想苦行的尝试"。（*OC*, IV, 1301）从更广泛的思考来看，他透露说他一生中最累的工作就是"遏制自己的本性以使其服务于更有价值的计划"。（*OC*, IV, 1302）

逝世前的几个星期，他想起米，并由此而产生了失败感。他抱怨说天生喜欢快感和笑声，他发现写作所需要的近乎修道院式的孤独难以忍受：

十五 与自己同居

  我击拳,我跺脚,我打自己嘴巴,甚至抓扭脖领子,摔倒在稿子前。昨天,由于浪费了几乎半个小时,我用五分钟侮辱自己。然后,我开始规矩起来,两腿夹着尾巴重新开始工作。[1]

寻找耐心,用加缪的话说,"是适应我可怕的无政府的唯一方法"。

  1959年12月14日成了加缪最后一次公开露面,对象是来自离鲁玛琳约四十千米的普罗旺斯的艾克斯的一伙国际学生。他回答了听众的一系列问题,竟然说他不知道自己究竟是不是知识分子。在解释自己的下一部作品(《第一个人》)时,他透露说,那是关于他自己的生活和他的时代的。[2] 他妻子弗朗辛和孩子们,卡特琳和让,和他一起在鲁玛琳过圣诞节,全家人一起过了新年。米歇尔和雅尼娜·伽利玛及其女儿安妮(Anne)从地中海海岸前来拜访。他们共同庆祝安妮的十八岁生日。1月2日弗朗辛带着双胞胎乘火车回巴黎。加缪第二天与伽利玛夫妇开车回城。他们中途住了下

---

[1] 转引自 Todd, *Albert Camus: une vie*, p. 744。

[2] Lottman, *Albert Camus*, p. 691.

来，预计 1960 年 1 月 4 日晚抵达巴黎。那天下午，汽车在桑斯以北的威尔布莱文从大路上滑了出去。加缪当场死亡。雅尼娜和安妮·伽利玛幸免于难，而米歇尔则在医院住了五天后死亡。

十六 一份有争议的遗产

要理解历史现实,有时不知道结果是必要的。

——皮埃尔·维达尔-纳凯

(Pierre Vidal-Naquet)[1]

如雷蒙·阿隆所指出的,加缪是位作家,而不是政治家。[2] 根据他自己的说法,他"不是为政治定做的,因为我无法想要对手的死亡或接受对手的死亡"。[3] 他与他所属时代的事件的联系可能是直接而紧密的,他在《阿尔及尔共和报》《战斗报》和《快报》的工作说明了这一点。1944 年 12 月他在《战斗报》上提出"世界上各民族有一个共同的命运"

---

[1] 转引自 Julian Jackson, *France: The Dark Years, 1940–1944* (Oxford, 2001), p. 112。

[2] Raymond Aron, *L'Opium des intellectuels* (Paris, 1955), p. 64.

[3] 加缪 1945 年的一则日记,转引自 Pierre-Louis Rey, *Camus, L'Homme révolté* (Paris, 2006), p. 91。

(*CAC*, 397),一个国家的工业发展和另一个国家的贫穷化也影响到远近其他国家。他以轶事的方式提出了这个全球性的观点，说给布拉格的一个人一记耳光，可能会影响一个乌克兰人、得克萨斯的一个农民和枫丹白露的一个中产阶级的生活。然而，矛盾的是，加缪也表明了当时与各种事件的一种更为间接的联系。尽管对论战并不陌生，但在20世纪50年代他开始意识到公共争议耗费了他作为作家的精力。他也不想看到创造性写作的独立性与社会参与的使命相妥协。

如果《第一个人》中提到的"集体命运"指的是加缪的生活和工作越来越与法属阿尔及利亚的命运相一致，那么，把他的一生总结为作家的一生就是错误的。1955年，在给突尼斯犹太作家阿尔贝·梅米的自传体小说《盐柱》作序时，加缪与民族性和自我的融合保持距离。序言说明了梅米的边缘处境，但也间接地说明了加缪的相同处境。他重构了一个作家作为那个国家犹太人口的一员在殖民地突尼斯所处的困境。梅米丧失了宗教信仰，通过在突尼斯上法国的中学，他发现了一个正在疏远这位"非洲之子"的欧洲世界。

如果在梅米的自我定义中他不可挽回地被边缘化了（作为一个面对欧洲统治的非洲人，在伊斯兰国家生活的犹太人），加缪则把这种张力视为作家的诞生：

> 一个作家首先要由他的无能来界定……融入一个种族或一个阶级的无名。无论如何,对梅米来说,这个没有信仰的保罗式的人物,写作无疑是通向大马士革之路。(*OC*, III, 1122)

加缪把部落忠心与作家自治区别开来了。在序言的结尾,他赞同梅米的计划,提出他作为犹太人所经历的伤痛反过来能说明其他人,也就是阿拉伯人和法国人所经历的矛盾。加缪在给梅米序言的结尾中提出,北非现在正经历历史上的一个血腥时期,"我们所有人,法国人和北非的原住民"都必须始终意识到这些矛盾,通过充实的生活来战胜它们。加缪对梅米的经历予以同情。实际上,他坚持认为作家没有能力接受"一个阶级或一个部落的无名",这意味着对他自己所经历的那种塑造表示不耐烦。

独立思考的性格深扎于加缪的心中。早期一篇题为《与当下无关的思考》(*Considérations inactuelles*)就具有了尼采的不合时宜性。这篇文章是1939年11月6日以内罗(Nero)的笔名在《共和晚报》上发表的,加缪用它来界定他所说的独立。他说那是一种罕见的美德,个人首先要自身加以实践。它能使人摆脱偏见,这反过来又能拒绝导致人类毁灭的更广泛的社会

偏见。意识到独立是"他唯一的宝藏",个人必须保护独立精神"以防任何一种归化或奴役"。(*OC*, I, 771)

文学帮助形成了这种超然的世界观。《堂吉诃德》深切地影响了加缪 [如同托尔斯泰的《战争与和平》和帕斯卡的《沉思录》]。1955 年 11 月 12 日在《文学世界》(*Le Monde libertaire*) 上发表的论塞万提斯的文章中,他承认他深为小说的主人公所动,小说的主人公的生活方式代表了对现实的抵制。他五次在短文中用"非现实"一词,这也解作对 20 世纪现实的顽固拒绝。(*OC*, III, 979–981)

与时代的这种含混关系是他与勒内·夏尔的共同之处。这位诗人曾于 1953 年末对加缪说法国知识分子的生活是一个"乱葬冈",他们必须接受做"这些堂吉诃德",尽管已经翻船,尽管目标不明确,但他们还是往前走。[1] 在后来的一则笔记中,加缪把夏尔看作是那个时代的锚,但却独自站立在"死水和空谈者"中间,其中有点自我描画的成分。加缪同意夏尔在短诗《抵触》(*Contrevenir*)中的几行诗:"你听从你的存在的猪。我听从我的不存在的神。我们仍然是险

---

[1] Albert Camus and René Char, *Correspondance, 1946–1959*, ed. Franck Planeille (Paris, 2007), p. 116.

恶的人。"[1]

如果夏尔的"险恶"指的是一个摆脱现实的顽固分子，那么，以同样的气质，加缪1953年在《现状之二》的结尾提出了下面这个问题："在当今世界上艺术家能做什么?"（*OC*, III, 453-445）他不赞成退入象牙塔，也拒绝毫不妥协地选择"社会教会"。1955年12月20日在《快报》上他发表短文，重又提出艺术家与其所处时代之间关系的问题。他从匈牙利音乐家提伯特·豪尔绍尼（Tibot Harsanyi）的故事开始。这位艺术家多年来始终想要获得法国国籍，但却腹背受敌：资产阶级社会不理睬他，所谓的"革命社会"骚扰他，要求他效忠。（*OC*, III, 1063）加缪抗议道，在豪尔绍尼的案例中，一个公务员以"从事一种社会上无用的职业"作为拒绝给予法国国籍的理由。（*OC*, III, 1062）

在1956年的一些日记中，加缪谈到托尔斯泰在两个文学领域里的声望：政治文学，其重要性在于反映社会上转瞬即逝的现象；另一个是与"整个人类永久分享的思想"相关的文学。（*OC*, IV, 1249）冷战和阿尔及利亚危机造成的摩擦

---

[1] Albert Camus and René Char, *Correspondance, 1946–1959*, ed. Franck Planeille (Paris, 2007), pp. 214-215.

是加缪在20世纪50年代想要超越"政治文学"的理由。因此，当萨特等人号召文学要参与社会的时候，加缪则呼吁作家的自治。安妮·科昂－索拉尔（Annie Cohen-Solal）就这两位作家生涯的发展进行了对比，指出萨特越来越关心政治，卷入阿尔及利亚的危机，而加缪由于第二次世界大战中参与抵抗运动，奇怪地采纳了"不可知论的立场，政治变得模糊起来，而伦理问题则成为核心"。[1]

1960年1月4日加缪的死讯引起了强烈的震动。1960年1月7日，萨特在《法国观察家》上撰文，断言他们车翻人亡不过是"在给予我们的小而狭隘的世界上"共同生活的另一种方式。他悼念这位已故的对手，他"与我们一样在和这个世界一起改变"。[2] 即便这种悼念要求得体以表示体面，但与1952年8月萨特对加缪的侮辱加以对照，变化仍然是明显的。萨特现在把加缪放在法国道德家的行列之内："在我们时代的核心，面对马基雅维利主义者和现实主义的金牛犊，他再次证实了道德维度的存在"。[3]

---

[1] Annie Cohen-Solal, 'Camus, Sartre et la guerre d'Algérie', in *Camus et la politique*, ed. Jeanyves Guérin (Paris, 1986), pp. 177–184 (p. 183).

[2] Jean-Paul Sartre, *Situations*, IV (Paris, 1964), p. 126.

[3] Ibid., p. 127.

十六 一份有争议的遗产

1960年3月《新法国杂志》发表的《向阿尔贝·加缪致敬》(Hommage à Albert Camus)的封面

1960年3月,《新法国杂志》发表了一组纪念文章《向阿尔贝·加缪致敬》。在介绍这个专栏的时候,莫里斯·布朗肖选了病榻上的屠格涅夫写给托尔斯泰的一封信中的一句话,以表达他自己的感情:"我给你写信,只想告诉你,与你生活在同一个时代该是多么幸福。"[1] 他接着说,对加缪

---

[1] *Hommage à Albert Camus 1913–1960, Nouvelle Revue française*, LXXXVII (March 1960), p. 403.

个人来说,出版他的作品是一种不舒服的体验,就好像作品完成后,加上它们带来的名气,让加缪无法动弹。在布朗肖看来,加缪的写作除了已经出版的作品所获得的声誉之外,还保有其神秘性。威廉·福克纳将人们的注意力从加缪过早逝世的话题上转移开,他认为这个问题与生命的长短无关,与加缪作品的量也无关:

> 当生命之门对他关闭,他已经在门的内侧写上了:**我曾经来过这里**,这也是每一个与他一样终生携带着对死亡的预知和愤恨的艺术家想要做的。[1]

对许多人来说,悼念加缪与阿尔及利亚正在进行的战争不可分割地连在一起。在阿尔及尔,穆卢德·菲拉乌恩看到了他逝世的消息,认为这是这个国家的另一出悲剧。[2] 就朱尔·罗伊来说,加缪的突然去世以非常具体的方式塑造了这位朋友的写作。罗伊在1960年7—8月匆忙完成了《阿尔及利亚战争》(*La Guerre d'Algérie*)。用罗伊的隐喻来说,该书

---

[1] *Hommage à Albert Camus*, p. 538,粗体为原文所加。英文版源自 Joseph Blotner, *Faulkner: A Biography* (London, 1974), vol. II, pp. 1756–1757。

[2] 见 Patrick McCarthy, *Camus* (New York, 1982), p. 323。

十六 一份有争议的遗产

含有"可塑的炸药",因为它敦促法国人理解法国军队在阿尔及利亚镇压的严酷现实,并看到这种镇压与民族解放阵线的暴力之间的联系。罗伊把这部书题献给加缪,在前言中说他对这位已故作家的认同直接让他回到了阿尔及利亚,去了解那里的形势,并对加缪《阿尔及利亚编年史》的成就表示敬仰。罗伊说他自己与加缪相像,一方面想要看到这个国家的穆斯林人口得到正义,一方面又与欧裔阿尔及利亚人有着不可分割的联系。[1]

在悼念朋友时,罗伊还看到他自己正在扮演见证者,谈论阿尔及利亚,即便这意味着调查法属阿尔及利亚的敌人的动机。[2] 在与已故作家的一次想象对话中,罗伊报道说正在路过蒙多维(波尼/安纳巴附近的加缪出生地),满眼都是军事冲突的痕迹。[3]

1960年3月,阿尔及利亚也在《新法兰西评论》(*NRF*)上开展了纪念加缪的活动,罗贝尔·马来(Robert Mallet)撰文重构了1958年12月与加缪的一次谈话,《阿尔及利亚编年史》的作者当时表示他或许能够帮助解决冲突。加缪开

---

[1] Jules Roy, *La Guerre d'Algérie* (Paris, 1960), p. 13.
[2] Ibid., p. 14.
[3] Ibid., pp. 208-209.

始陈述为什么不介入的理由:

> 双方的民族主义者都怀疑我。对一方,我不是……十足的爱国者。对另一方,我太爱国了。我对阿尔及利亚的热爱不同于军人的爱,也不同于殖民者的爱。可是不作为法国人我还能爱它吗?太多的阿拉伯人不理解我作为热爱阿拉伯人的法国人热爱阿尔及利亚,我想让阿拉伯人在阿尔及利亚感到在阿尔及利亚就像在自己家里,而不感到是局外人。[1]

回顾加缪晚年与阿尔及利亚的紧张关系,穆罕默德·迪卜在1972年的一次采访中坚持说他是"由于误解而自我流放的一个兄弟,这是地中海沿岸人们表达某种情绪的一种方式"。[2] 迪卜承认,那是一种痛苦的误解,但却反映了一种"夸张……和戏剧性"的阿尔及利亚文化。对他来说,与加缪的联系在根本上依然是兄弟般的。

---

[1] *Hommage à Albert Camus*, p. 440.

[2] 1972年6月19日播出。迪卜的访谈是由皮埃尔·米内(Pierre Minet)命名为"肖像"的系列中加缪的六幅肖像之一,2012年12月26日由法国文化频道"Nuits"重播。

十六 一份有争议的遗产

同样，亲法的阿尔及利亚作家阿西娅·杰巴尔（Assia Djebar）把加缪与20世纪后半叶逝世的，尤其是在独立战争和20世纪90年代阿尔及利亚内战期间逝世的其他作家放在一起，作为民族的悼念。杰巴尔尤其提到加缪1956年1月号召平民停战，认为这是占据"论坛核心"的一个举措。她写道，加缪"使用无助的但并不完全是无能的词语，这些词语属于一种最后一次表达希望的痛苦"。[1] 生活在20世纪90年代的杰巴尔说她不知道在阿尔及利亚内战时她会不会跟随加缪。萨利姆·巴希（Salim Bachi）认为，那次冲突的暴力使人更好地理解了加缪在1950年末面对的约束，家人仍然生活在阿尔及尔，所以他不愿意进一步介入，知道这种介入会让他们脆弱。[2]

然而，如果用来自后殖民的阿尔及利亚的这些调和声音来证明加缪的作品在后殖民时期被不加批判地接受，那就错了。历史学家本杰明·斯托拉谈到，当法国总统弗朗索

---

[1] Assia Djebar, *Le Blanc de l'Algérie* (Paris, 1995), p. 121.

[2] 见 Patrick Crowley, 'Myth, Modernism, Violence and Form: An Interview with Salim Bachi', *Bulletin of Francophone Postcolonial Studies*, IV/1 (Spring 2013), pp. 2–11 (p. 9)。巴希作品包括一本取材于加缪生平的小说《一位年轻人的最后一个夏天》(*Le Dernier Eté d'un jeune homme*, Paris, 2013)。

法国东南部沃克卢斯的鲁玛琳,加缪墓地

瓦·奥朗德(François Hollande)2012年12月谈到阿尔及利亚议会时,他提到了阿尔贝·加缪,当时所有的国会议员们都保持沉默。斯托拉认为,还需要做很多工作把加缪"加到那段历史中去",要给20世纪阿尔及利亚的历史多加入而不是抽出独特的文化记忆。[1]

---

[1] 'Camus et moi, avec Benjamin Stora',法国文化频道2012年12月27日的采访。

十六 一份有争议的遗产

早在1961年，皮埃尔·诺拉就提出加缪的遗产与法国在阿尔及利亚的殖民一样都是有争议的。[1] 如果诺拉把这位作家与殖民统治令人深思的并置是有意挑起论战（1961年3月他的《阿尔及利亚的法国人》出版时，他正积极参加终结殖民统治的运动），它助长了人们对加缪的怀疑态度。根据这个观点，在英语世界，康纳·克鲁斯·奥布莱恩（Conor Cruise O'Brien）1970年的研究把加缪看作是法国殖民统治的辩护者。在殖民遗产的背景下阅读加缪能使人们在后殖民批评领域中继续研究这位作家。[2] 但是，如加缪的同代人卡贝尔作家穆卢德·马迈里所指出的，对于了解加缪的出身和背景的人来说（如我们所知，他是个"小空白"，工人阶级出身的法裔阿尔及利亚人），他反映的文化态度并不特殊，尽管他在思想上和意识形态上努力超越殖民地阿尔及利亚的世界，阶级和种族的特殊性在历史上依然是重要的决定因素。[3]

---

[1] 见本书第六章。

[2] 见 Emily Apter, 'Out of Character: Camus's French Algerian Subjects', in E. Apter, *Continental Drift: From National Characters to Virtual Subjects* (Chicago, Ⅱ, and London, 1999), pp. 60–75。

[3] 'Mouloud Mammeri et la vision de l'Algérie de Camus', www.ina.fr, 1 August 2014.

然而，加缪的遗产超越了法国－阿尔及利亚关系史和殖民文化的后殖民评价。冷战的结束和苏联的解体提供了一个额外的意义框架，在这个框架内，他的著作得到了认真阅读。让·丹尼尔提到，加缪死后，他的著作被资产阶级挪用，导致左翼抛弃了他的所谓"红十字道德"。在 1959 年与让－克劳德·布里斯维尔（Jean-Claude Brisville）的一次采访中，加缪也认为对一位作家的仰慕是基于误解，坦言他为被说成属于"诚实""良知"和"人性"的一面而感到愤怒。(*OC*, IV, 614)《给一位德国朋友的信》和《鼠疫》等作品的道德化色彩给了他这样的名声。但在 1954 年，在为康拉德·比耶贝（Konrad Bieber）的《法国抵抗运动作家眼中的德国》(*L'Allemagne vue par les écrivains de la Résistance française*) 撰写的序言中，加缪拒绝比耶贝把他描写成"正义之人"："我是没有正义之人，但却是饱受那种疾病折磨的人，仅此而已。"(*OC*, III, 937)

重新评价加缪在《战斗报》当记者时的作品时，前共产党员埃德加·莫兰逐渐认识到，加缪

> 具有提前摆脱左派的欣快征的优点，甚至不惜在孤独的意识中避难。但在当时，我否认了他的崇高灵魂，

每一次他发布道德宣言的时候,我仅仅视其为向主体的逃遁,是一次失败,甚至是太过轻松的姿态,简言之,是抛弃革命战斗所意味的那些约束。[1]

莫兰对加缪的修改过的调和式观点是人们更广泛地回归加缪的表现,他曾经被法国左派中的许多人所拒绝。如让·丹尼尔所说,加缪在中欧和东欧的影响是真实而广泛的,汉娜·阿伦特、亚历山大·索尔仁尼琴(Alexander Solzhenitsyn)、米兰·昆德拉(Milan Kundera)和波兰诗人切斯拉夫·米沃什(Czeslaw Milosz)对加缪的认可都是例证。[2] 在1970年的诺贝尔文学奖致辞中,索尔仁尼琴评论说,在"周期性的、热烈的、愤怒的、吹毛求疵的关于……艺术和艺术家是否应该负起对社会的责任的争论中",加缪的获奖演说就是索尔仁尼琴自己的结论。

在后来的一次关于他如何写作的采访中,加缪沉思说:

---

[1] E. Morin writing in *Autocritique* (Paris, 1975), p. 83;转引自 Maurice Weyemberg and Raymond Gay-Crosier in their editorial presentation of *L'Homme révolté, OC*, III, 1221。

[2] Jean Daniel, *Avec Camus: Comment résister à l'air du temps* (Paris, 2006), pp. 88–89.

"我在十七岁时就想当一个作家。那时候,我只是模糊地知道我会成为一个作家。"(*OC*, IV, 610–611)他作为作家的经历就仿佛《流放与王国》中的画家约拿的经历,在群居与孤独之间割裂。名望和争议以同样的力度向加缪袭来。1939年提倡阿尔及利亚的社会和经济改革时,他被殖民者谴责为背叛;当长岛事件发生后他抗议暴力而成了孤独的声音;1952年他反对苏联政治而被萨特讽刺为假圣洁的樊尚·德·保罗(Vincent de Paul);1953年北非抗议者于巴士底日在巴黎被杀时他提出反对而被打上了背叛欧洲的烙印;1956年1月由于发动运动呼吁平民停战而被法裔阿尔及利亚人说成是叛徒;而在阿尔及利亚战争中他又被戴上了法国军事镇压的辩护士的帽子。不断有人说他想方设法避免冲突,把自己置于人文主义道德家的行列,在广义上也就是梅洛-庞蒂所抛弃的"神圣的和毫不妥协的"人;或者用让·塞纳克恶毒的非难来说就是"绝对大师"。[1]冗长的拒绝,见证了他引起的争议。

---

[1] Maurice Merleau-Ponty, *Humanisme et Terreur: Essai sur le problème communiste* (Paris, 1947), p. 186; Jean Sénac, *Pour une terre possible ... Poèmes et autres textes inédits* (Paris, 1999), p. 191.

十六 一份有争议的遗产

正如在他有生之年感到与殖民地阿尔及利亚的两种"民族主义"疏远，如我们在前面的章节中看到的，在死后，加缪的遗产始终被挪用和错误地再现。怀念帝国时代的人希望独自占有他的记忆和作品，而对其全部作品的后殖民阅读则继续把他视为殖民主义的体现。

加缪并不希望进行道德垄断。他准确地承认"这本书讲的是……失败的故事"（*OC*, IV, 303），这里指的是《阿尔及利亚编年史》，它的确可以被读作殖民地阿尔及利亚走进政治和社会死胡同的路线图。爱德华·萨义德写道，在加缪作品中能看到"负面活力"，他认为，"殖民努力中人类悲剧的严重性在废墟到来之前获得了最后的巨大澄明。他们表达了我们还不完全明白或尚未从中恢复过来的一种浪费和悲凄"。[1]

加缪的一生的确是在关键的时代度过的"关键的生活"，那是在20世纪阿尔及利亚和法国的早期和中期。在1946年的一则日记中他写道，他愿意献身于人民而不是献身于文学：

---

[1] Edward Said, *Culture and Imperialism* (London, 1994), p. 224.

> 人的生命中有勇气，人的作品中有才气，那都不是坏事。因此，作家只要愿意就可以投身其中。他的价值在于这种运动和波动。如果献身应该成为律法、职业或某种形式的暴政，那又有什么价值呢？[1]

这番毫无废话的训令捕捉到了一个作家的独立精神，这个作家在影响全球读者的同时，私下怀疑自己的写作能力，又常常发现文本创作需要的那种孤独。他在一个冲突的时代顽强地度过了作家所面对的困境。在1953年的《现状之二》的最后几行文字中，加缪告诫艺术家不要把与社会相割裂的作家的否定观点内化。他接着说一个没有文化的社会，没有"文化所意味的相对自由"的社会，是一片丛林。但在评价艺术家的角色时，他也提出了一条平等化原则，根据这条原则，艺术家"与那些工作和斗争的人比起来，既不高也不低"。(*OC*, III, 455)

---

[1] 转引自 Benjamin Stora and Jean-Baptiste Péretié, *Camus brûlant* (Paris, 2013), pp. 83–84。

参考文献

加缪的法文著作

加缪全集的权威伽利玛版本：Albert Camus, *Oeuvres complètes*, 4 vols (Paris, 2006–2008), ed. Jacqueline Lévi-Valensi (vols I and II) and Raymond Gay-Crosier (vols III and IV)。伽利玛（对开本）也藏有许多加缪著作的平装版。

加缪著作英文版

Albert Camus: Lyrical and Critical, trans. Philip Thody (London, 1967)

American Journals, trans. Hugh Levick (London, 1989)

Between Hell and Reason, trans. Alexandre de Gramont (London, 1991)

Caligula & Three Other Plays (includes The Misunderstanding, State of Siege, The Just Assassins), trans. Stuart Gilbert, with a preface by Justin O'Brien (New York, 1962)

Camus at 'Combat': Writing, 1944–1947, ed. Jacqueline Lévi-Valensi, trans. Arthur Goldhammer, with a foreword by David Carroll (Princeton,

NJ, 2006)

Exile and the Kingdom, trans. and afterword, Carol Cosman(London, 2006)

The Fall, trans. Robin Buss (London, 2013)

The First Man, trans. David Hapgood (London, 1995)

A Happy Death, trans. Richard Howard [1973] (London, 2002)

Lyrical and Critical Essays, trans. Ellen Conroy Kennedy (New York, 1967)

The Myth of Sisyphus, trans. Justin O'Brien, with an afterword by James Wood (London, 2013)

Notebooks Ⅰ : *1935–1942*, trans. Philip Thody (New York, 1963)

Notebooks Ⅱ : *1942–1951*, trans. Justin O'Brien [1965] (New York, 1995)

Notebooks, 1951–1959, trans. Ryan Bloom (Chicago, Ⅱ , 2008)

The Outsider, trans. Sandra Smith (London, 2012); also available as *The Stranger*, trans. Matthew Ward (New York, 1988)

The Plague, trans. Robin Buss, with an introduction by Tony Judt (London, 2002)

The Rebel, trans. Anthony Bower, with an afterword by Olivier Todd (London, 2000)

Resistance, Rebellion, and Death, a selection of Camus' interventions in public debate, trans. Justin O'Brien (London, 1961)

Selected Political Writings, ed. and trans. Jonathan H. King (London, 1981)

Youthful Writings, trans. Ellen Conroy Kennedy (New York, 1976)

加缪的通信

Camus, Albert, and René Char, *Correspondance, 1946–1959*, ed. Franck Planeille (Paris, 2007)

Camus, Albert, and Jean Grenier, *Correspondance, 1932–1960*, ed. Marguerite Dobrenn (Paris, 1981)

Camus, Albert, and Louis Guilloux, *Correspondance, 1945–1959*, ed. Agnès Spiquel-Courdille (Paris, 2013)

Camus, Albert, and Pascal Pia, *Correspondance, 1939–1947*, ed. Yves-Marc Ajchenbaum (Paris, 2000)

Camus, Albert, and Francis Ponge, *Correspondance, 1941–1957*, ed. Jean-Marie Gleize (Paris, 2013)

加缪传记

Doudet, Sophie, Marcelle Mahasela, Pierre-Louis Rey, Agnès Spiquel and Maurice Weyembergh, *Albert Camus: Citoyen du monde* (Paris, 2013)

Lottman, Herbert R., *Albert Camus: A Biography* [1979] (Corte Madera, CA, 1997)

Todd, Olivier, *Albert Camus: une vie* (Paris, 1996); as *Albert Camus: A Life* (abridged), trans. Benjamin Ivry (London, 1997)

论加缪的著作参考文选

Abbou, André, *Albert Camus entre les lignes: Adieu à la littérature ou fausse sortie? 1955–1959* (Biarritz, 2009)

Achour, Christiane, *Un Etranger si familier: Lecture du récit d'Albert Camus* (Algiers, 1984)

Apter, Emily, 'Out of Character: Camus's French Algerian Subjects', in E. Apter, *Continental Drift: From National Characters to Virtual Subjects* (Chicago, II , and London, 1999)

Aronson, Ronald, *Camus and Sartre: The Story of a Friendship and the Quarrel that Ended It* (Chicago, II , and London, 2004)

Bachi, Salim, *Le Dernier Eté d'un jeune homme* (Paris, 2013)

Banks, G. V., *Camus: 'L'Etranger'* (Glasgow, 1992)

Bishop, Tom, and Coralie Girard, eds, *Camus Now (The Florence Gould Lectures at New York University*, vol. XII , Winter 2010–2011)

Braun, Lev, *Witness of Decline: Albert Camus, Moralist of the Absurd* (Rutherford, NJ, 1974)

Bronner, Stephen Eric, *Camus: Portrait of a Moralist* (London, 1999)

Carroll, David, *Albert Camus the Algerian: Colonialism, Terrorism, Justice* (New York, 2007)

Chaulet-Achour, Christiane, and Jean-Claude Xuereb, eds, *Albert Camus et les écritures algériennes: Quelles Traces?* (Cahors, 2004)

Cohen-Solal, Annie, 'Camus, Sartre et la guerre d'Algérie', in *Camus et la politique*, ed. Jeanyves Guérin (Paris, 1986), pp. 177–184

Cruickshank, John, *Albert Camus and the Literature of Revolt* (New

York, 1960)

Cruise O'Brien, Conor, *Camus* [1970] (London, 1982)

Daniel, Jean, *Avec Camus: Comment résister à l'air du temps* (Paris, 2006)

Dunwoodie, Peter, *Une histoire ambivalente: Le dialogue Camus-Dostoïevski*, with a preface by Ernest Sturm (Paris, 1996)

Ellison, David, *Understanding Albert Camus* (Columbia, SC, 1990)

Fitch, Brian T., *The Narcissistic Text: A Reading of Camus's Fiction* (Toronto, 1982)

Foley, John, *Albert Camus: From the Absurd to Revolt* (Stocksfield, Northumbria, 2008)

Foxlee, Neil, *Albert Camus's 'The New Mediterranean Culture': A Text and its Contexts* (Bern, 2010)

Gonzales, Jean-Jacques, *Albert Camus: L'Exil absolu* (Houilles, 2007)

Grenier, Jean, *Albert Camus souvenirs* (Paris, 1968)

Grenier, Roger, *Albert Camus. Soleil et ombre: Une biographie intellectuelle* (Paris, 1987)

—, ed., *Album Camus* (Paris, 1982)

Guérin, Jeanyves, *Camus: Portrait de l'artiste en citoyen* (Paris, 1993)

—, ed., *Camus et la politique* (Paris, 1986)

—, ed., *Dictionnaire Albert Camus* (Paris, 2009)

Haddour, Azzedine, 'The Camus-Sartre Debate and the Colonial Question in

Algeria', in *Francophone Postcolonial Studies: A Critical Introduction*, ed. Charles Forsdick and David Murphy (London, 2003), pp. 66–76

Hommage à Albert Camus 1913–1960, Nouvelle Revue française, LXXXV II (March 1960)

Hughes, Edward J., *Albert Camus: 'Le Premier Homme', 'La Peste'* (Glasgow, 1995)

—, ed., *The Cambridge Companion to Camus* (Cambridge, 2007)

Isaac, Jeffrey C., *Arendt, Camus and Modern Rebellion* (London, 1992)

Judt, Tony, *The Burden of Responsibility: Blum, Camus, Aron and the French Twentieth Century* (Chicago, II, and London, 1998)

King, Adele, ed., *Camus's 'L'Etranger': Fifty Years On* (New York, 1992)

Lévi-Valensi, Jacqueline, and André Abbou, eds, *Fragments d'un combat 1938–1940: Alger Républicain/Le Soir Républicain* (Cahiers Albert Camus 3), 2 vols (Paris, 1978)

McCarthy, Patrick, Camus (New York, 1982)

—, *Camus: 'The Stranger'* (Cambridge, 2004)

Margerrison, Christine, *'Ces Forces obscures de l'âme': Women, Race and Origins in the Writings of Albert Camus* (Amsterdam, 2008)

Margerrison, Christine, Mark Orme and Lissa Lincoln, eds, *Albert Camus in the 21st Century: A Reassessment of his Thinking at the Dawn of the New Millennium* (Amsterdam, 2008)

Moreau, Jean-Luc, *Camus l'intouchable* (Montreal, 2010)

Morisi, Eve, ed., *Albert Camus contre la peine de mort*, with an essay by E. Morisi and preface by Robert Badinter (Paris, 2011)

Onfray, Michel, *L'Ordre libertaire: La vie philosophique d'Albert Camus* (Paris, 2012)

Orme, Mark, *The Development of Albert Camus's Concern for Social and Political Justice* (Cranbury, NJ, 2007)

Rey, Pierre-Louis, *Camus: L'Homme révolté* (Paris, 2006)

Showalter, Jr, English, *Exiles and Strangers: A Reading of Camus's 'Exile and the Kingdom'* (Columbus, OH, 1984)

Sprintzen, David, *Camus: A Critical Examination* (Philadelphia, PA, 1988)

Stora, Benjamin, and Jean-Baptiste Péretié, *Camus brûlant* (Paris, 2013)

Thody, Philip, *Albert Camus* (London, 1989)

Walker, David, ed., *Albert Camus: Les Extrêmes et l'équilibre: Actes du colloque de Keele, 25–27 mars 1993* (Amsterdam, 1994)

Weyembergh, Maurice, *Albert Camus, ou la mémoire des origines* (Brussels, 1998)

Williams, James S., *Camus: 'La Peste'* (London, 2000)

Zaretsky, Robert, *A Life Worth Living: Albert Camus and the Quest for Meaning* (Cambridge, MA, 2013)

致谢

我希望把我对利佛休姆基金会(Leverhulme Trust)的无尽感激记录下来,感谢他们给了我一年的研究基金进行这个项目,感谢伦敦大学的玛丽女王学院给我一个学期的假,为完成这个项目提供了保证。真诚地感谢瑞克逊出版社的维维安·康斯坦提娜普洛斯(Vivian Constantinopoulos)女士给我的指导,感谢埃米·索尔特(Amy Salter)女士对文本的编辑。

写作此书的过程中,我极大地得益于同事们的支持和建议。查尔斯·福特迪克(Charles Forsdick)、苏珊·哈罗(Susan Harrow)和埃里克·罗伯逊(Eric Robertson)在许多阶段都给予了宝贵的帮助,很高兴能在这里对他们表示感谢。我也极大地得益于与很多人就加缪进行的讨论,他们是:彼得·邓伍迪(Peter Dunwoodie)、雷蒙·盖伊-克罗泽、彼得·霍尔沃德(Peter Hallward)、利比·萨克斯顿(Libby Saxton)、安德烈亚斯·索恩勒(Andreas Schönle)、迈克尔·谢灵厄姆(Michael Sheringham)、戴维·沃克(David Walker)和詹姆斯·威廉斯(James Williams)。感谢阿德里安·阿姆斯特朗（Adrian Armstrong）、辛西娅·甘布尔（Cynthia Gamble）、若泽·伦齐尼（José Lenzini）、约翰·里昂（John Lyons）、加布里埃尔·诺顿（Gabriel Naughton）、马克·史密斯（Mark Smith）和亚当·瓦特（Adam Watt），他们都慷慨地提供了资料。感谢伊夫·博多（Yves Bodot）和纳塔莉·克鲁泽（Nathalie Crouzet）。

最后，我要感谢家人，尤其是凯瑟琳（Kathleen）的支持和耐心。

照片致谢

本书作者和出版者对准许使用下列图像资料的源出表示感谢。他们是：

Archives Municipales de la Ville de Saint-Étienne: p. 181; photo by H. Bertault reproduced in Antoine Chollier, *Alger et sa région* (Grenoble, 1929), courtesy of the Bibliothèque Nationale de France: p. 53; photo by H. Bertault reproduced in Antoine Chollier, *Alger et sa région* (Grenoble, 1929), courtesy of the Bibliothèque Nationale de France: p. 33, photo by H. Bertault reproduced in Antoine Chollier, *Alger et sa région* (Grenoble, 1929), courtesy of the Bibliothèque Nationale de France: p. 142; courtesy of the Bibliothèque Nationale de France: p. 21; Corbis: p. 8 (Condé Nast Archive); Département des Estampes et de la Photographie, Bibliothèque Nationale de France: pp. 13, 38, 50, 51, 52; courtesy Editions Gallimard: pp. 71, 132; Fotostiftung Schweiz, Winterthur: p. 121; Gamma-Rapho/Keystone: pp. 127, 135; photo by A. Jouve reproduced in Henry de Montherlant, *Il y a encore des paradis: Images d'Alger 1928−1931*

照片致谢

(Algiers, 1935), courtesy of the Bibliothèque Nationale de France: p. 41; courtesy *La Marseillaise*: p. 159; © *Nouvelle Revue française*: p. 181; Photo ofalac (Tourist Board of the Government General of Colonial Algeria), reproduced in Henry de Montherlant, *Il y a encore des paradis: Images d'Alger 1928–1931* (Algiers, 1935), courtesy of the Bibliothèque Nationale de France: p. 167; Rex Shutterstock: pp. 42 (Roger-Viollet), 88 (Mémorial Leclerc – Musée Jean Moulin / Roger-Viollet), 101 (Universal History Archive / Universal Images Group), 124 (Sipa Press), 136 (Roger-Viollet), 141 (Roger-Viollet), 145 (Sipa Press), 184 (Roger-Viollet).